Prüfungsvorbereitung Deutsch-Test für Zuwanderer A2/B1 (DTZ)

Übungen mit Hörtexten und Beispielen

Waldemar Erdmann

14. September 2022

Herausgeber

Plakos GmbH
Vertretungsberechtigter Geschäftsführer: Waldemar Erdmann
Sitz: Willy-Brandt-Allee 31 B, 23554 Lübeck

Website und Kontakt

www.plakos-akademie.de
E-Mail: support@plakos.de

Facebook: plakosDE
YouTube: Plakos Akademie
Instagram: plakos_akademie
TikTok: plakos_akademie

Bild- und Druckhinweis:

Sonstige Abbildungen im Buch wurden von Plakos erstellt.

Dieses Buch wurde auf Recyclingpapier sowie klimaneutral gedruckt.

ISBN: 978-3-985257-38-6

Danksagung

Unser Dank gilt vor allem den Bewerberinnen und Bewerbern, die mit ihren zahlreichen Zuschriften, Erfahrungsberichten und Verbesserungsvorschlägen dieses Buch erst möglich gemacht haben. Vielen Dank für eure Kommentare und Nachrichten auf YouTube und Facebook und anderen Kanälen!

Außerdem bedanken wir uns bei allen internen und externen Mitarbeitern und Mitarbeiterinnen, welche einen wesentlichen Anteil an diesem Buch hatten. Dazu gehören insbesondere Annika Miersen und Anna Krohn.

Einstellungstest erfolgreich bestehen

Die Plakos GmbH hat bereits tausende Bewerber und Bewerberinnen mit Büchern, Online-Kursen und Apps auf Einstellungstests, Prüfungen und Assessment Center vorbereitet. Die angesehenen Online-Tests von Plakos wurden millionenfach absolviert. Dieses Buch dient zur umfassenden Vorbereitung auf die Deutsch B1 Prüfung.

Dein Feedback ist uns wichtig!

Sollten dir Fehler in diesem Buch auffallen oder solltest du unzufrieden mit den Inhalten oder einem unserer Produkte sein, so schreibe uns gerne eine E-Mail an support@plakos.de. Wir antworten schnellstmöglich! Antworten auf häufig gestellte Fragen findest du auch auf der Webseite plakos-akademie/kundenservice/.

Hinweis: Aus Gründen der Lesefreundlichkeit haben wir weitgehend auf Gendering verzichtet. Die gewählte Personenform gilt wertfrei für alle Geschlechter.

Inhaltsverzeichnis

1 Optimale Vorbereitung auf Abschlussprüfungen und Einstellungstests

Generell unterscheiden sich Prüfungen und Einstellungstests dahingehend, für welches spätere Einsatzgebiet du dich beworben hast. Die Länge und die Aufgaben lassen sich nicht grundsätzlich verallgemeinern. Trotzdem gibt es oft gewisse Ähnlichkeiten im Aufbau und Ablauf.

Vergleich Einstellungstest vs. Abschlussprüfung: Um Prüfungen oder Einstellungstests erfolgreich zu bestehen, solltest du einige Dinge beachten. Wichtig ist beispielsweise auch das persönliche Auftreten. Es handelt sich beim Einstellungstest, im Gegensatz zu einer anderen Prüfung, nicht um einen reinen Wissenstest. Um einen guten Eindruck zu hinterlassen, empfiehlt sich daher ein gepflegtes Äußeres. Zudem solltest du dich bei der Vorstellung freundlich und höflich zeigen.

Darüber hinaus unterscheidet sich ein Eignungstest von einer Prüfung auch in Hinblick auf das Zeitmanagement. Eine Prüfung ist zeitlich zumeist darauf ausgelegt, dass alle Fragen beantwortet werden können. Bei einem Eignungstest ist dies nicht notwendigerweise der Fall. Oft ist die Zeit absichtlich zu knapp bemessen. Auf diese Weise sollen das Zeitmanagement und die Stressresistenz überprüft werden. Nicht ohne Grund beobachten in der Regel gleich mehrere Verantwortliche des Unternehmens oder der Behörde den Test bzw. die Prüfung.

1.1 Optimale Vorbereitung auf die Prüfung

Wie bei einer Schulprüfung kannst du dich durchaus auch auf die Deutsch B1 Prüfung vorbereiten.

Neben den Aufgaben aus der eigentlichen Prüfung sind die sogenannten Soft Skills, wie Kommunikation, Auftreten und die Körpersprache, ebenfalls nicht zu vernachlässigen. Diese spielen zunehmend eine immer wichtigere Rolle. All diese Themen lassen sich üben und erlernen. In diesem Buch findest du zahlreiche Übungen, mit denen du dich ganz konkret auf die Sprachprüfung vorbereiten kannst. Wichtig ist hierbei, dass du alle relevanten Themen und Aufgaben sorgfältig und kontinuierlich durcharbeitest. Für eine verbesserte kritische Selbstreflexion der Ergebnisse haben wir Lösungsansätze für die Aufgaben beigefügt.

2 Online-Bewerber-Training

Da du bereits dieses Buch erworben hast, möchten wir dir an dieser Stelle einen **Gutschein für unsere Online-Programme in Höhe von 15 Euro** schenken. Die folgende Kurzanleitung beschreibt dir, wie du den Gutschein einlösen kannst:

1. Öffne den Browser auf deinem Smartphone, Tablet oder deinem Desktopcomputer.
2. Scanne den QR-Code oder gib die nachfolgende URL in die Adresszeile ein:

plakos-akademie.de/produkt/app-testtrainer-vollversion-15/

3. Mit dem Produkt „Testtrainer App“ hast du Zugriff auf fünf unserer Kurse: Testtrainer, Allgemeinwissen, Konzentration, Logik und Sprache.
4. Gib am Ende des Bestellprozesses den **Gutscheincode buchrabatt15** ein. Bitte beachte, dass mit dem Gutscheincode in der Testtrainer App nicht alle Plakos-Akademie-Kurse freigeschaltet sind.

Bei Fragen kannst du gerne eine E-Mail an support@plakos.de senden. Antworten auf häufig gestellte Fragen findest du auf der Webseite
plakos-akademie.de/kundenservice/. Eine Übersicht zu allen Lern-Apps von Plakos findest du unter plakos-akademie.de/kundenservice-apps/.

Bestehe deine Prüfung mit der Plakos-Testtrainer-App!

Alle Tests und Infos immer in der Hosentasche dabei!

Kostenlose Updates und neue Fragen immer griffbereit.

Kurse und Lektionen abgestimmt auf die jeweilige Prüfung

Bestehe deine Prüfung mit der Plakos-Einstellungstest-App! Mit der Plakos-App hebst du deine Vorbereitung auf ein neues Level! Du profitierst von Lösungswegen und ausführlichen Erklärungen zu jeder Aufgabe. Am Ende bekommst du eine Auswertung deiner Ergebnisse. Sichere dir jetzt deinen Vorteil gegenüber Anderen! Wähle den gewünschten Bereich aus und melde dich mit deinen Zugangsdaten aus dem Mitgliederbereich der Plakos Akademie an. Es werden dir dann die passenden Übungen für die Prüfung angezeigt.

Plakos-Online-Testtrainer – die optimale Vorbereitung für dich!

Strukturierter Ablauf, Lösungswege und Kernfortschrittsanzeigen

Kurse und Lektionen abgestimmt auf den jeweiligen Beruf

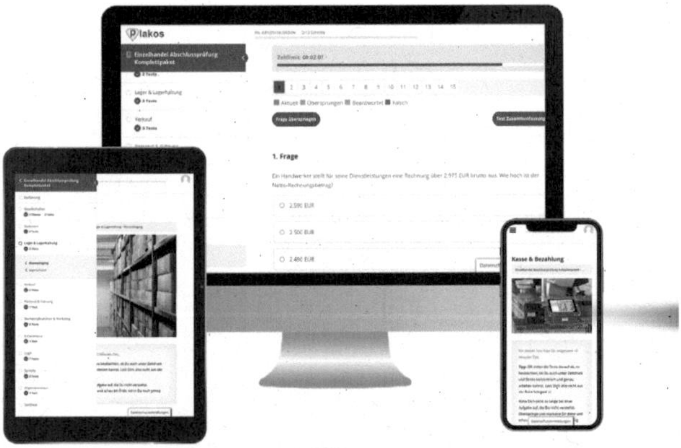

Lern- und Erklärvideos sowie Experten-Tipps

Tausende Prüflinge üben jährlich ganz konkret mit den Plakos-Online-Testtrainings. Sie gehen anschließend mit mehr Selbstbewusstsein und Wissen in ihre Prüfung. Die Online-Testtrainer gibt es in verschiedenen Preiskategorien für zahlreiche Schul- sowie Studienbereiche und Berufe, wie zum Beispiel im öffentlichen Dienst, im Bereich Gesundheit, Pflege und Soziales oder für technische und kaufmännische Berufe.

3 Über den Autor

Waldemar Erdmann ist Geschäftsführer der Plakos GmbH, die seit über einem Jahrzehnt erfolgreich Webseiten für Karriereberatung und Online-Tests betreibt. Er machte seinen Abschluss an der FH Würzburg zum Thema Skills Management Software und hat zahlreiche Bücher und Artikel zum Thema Eignungstests und Auswahlverfahren verfasst.

Außerdem entwickelt Waldemar Apps und Online-Tests, die Bewerber auf verschiedenste Auswahlverfahren vorbereiten. Er lebt mit seiner Familie in der schönen Hansestadt Lübeck.

4 Einleitung

Lernziele: Nach dem Durcharbeiten des Buchs wirst du:

- Dein Hörverständnis trainiert haben
- Neue Texte verstehen können
- Dein Leseverständnis trainiert haben
- Die deutsche Grammatik besser verstehen

Medien: **Die Medien, die dich dabei unterstützen sind:**

- Texte in unterschiedlichen Formaten
- Audiodateien zum Anhören

Tests: **Dich erwarten innerhalb der Lektionen folgende Aufgaben und Tests:**

- Multiple Choice Tests
- Lückentexte

Gender-Hinweis

Aus Gründen der besseren Lesbarkeit wird bei Personenbezeichnungen und personenbezogenen Hauptwörtern in diesem Buch hauptsächlich die männliche Form verwendet. Entsprechende Begriffe gelten im Sinne der Gleichbehandlung grundsätzlich für alle Geschlechter. Die verkürzte Sprachform hat nur redaktionelle Gründe und beinhaltet keine Wertung.

5 Allgemeine Informationen zum Deutsch-Test für Zuwanderer A2/B1 / Wichtige Fragen

Du möchtest an einem Deutsch-Test für Zuwanderer, kurz DTZ, teilnehmen und deine Sprachkenntnisse entsprechend den Kompetenzstufen A2 oder B1 nachweisen? Dann sind diese nachfolgenden allgemeinen Informationen sowie die Tests, die wir dir in diesem Kurs bereitstellen, die optimale Vorbereitung auf deinen Sprachtest.

Allgemeine Informationen zum Deutsch-Sprachtest

Bei dem Sprachtest wirst du auf zwei Wegen geprüft: schriftlich sowie mündlich. Die Prüfungsteile "Hören", "Lesen" sowie "Schreiben" überprüfen deine schriftlichen Sprachkenntnisse, der Prüfungsteil "Sprechen" testet deine mündliche Fähigkeit.

Bestehst du alle Prüfungsteile, erhältst du ein Zertifikat. Dieses Zertifikat bescheinigt deine Sprachkenntnisse und gibt über dein Sprachniveau, entweder A2 oder B1, entsprechend Auskunft.

Bitte beachte: Möchtest du das Niveau B1 nachweisen, musst du auch in allen Prüfungsteilen das Sprachniveau B1 erreichen. Gelangt dir dieses beispielsweise in der mündlichen Prüfung nicht, wird dir am Ende lediglich das Niveau A2 bescheinigt.

Gut zu wissen: Neben dem DTZ für Erwachsene gibt es auch einen speziellen Test für Jugendliche.

Die Sprachkompetenzen A2 und B1

Grundsätzlich lässt sich sagen, dass du in vier Bereichen getestet wirst: Sprechen, Hören, Lesen und Schreiben. Je nachdem welches Sprachniveau dir am Ende bescheinigt wurde, haben sich deine Ergebnisse bei diesen vier Bereichen in puncto Können von dem jeweils zu erreichenden Ergebnis unterschieden.

Sprachniveau A2:

Mit dem Sprachniveau A2 zeigst du, dass du elementare Sätze sowie häufig gebrauchte Ausdrücke verstehen und anwenden kannst. In einfachen, routinemäßigen Situationen kannst du dich ausreichend verständigen.

Inhaltlich geht es dabei vor allem um Informationen

- zur eigenen Person und zur Familie,
- zum Einkaufen,
- zur Arbeit oder
- zur näheren Umgebung.

Sprachniveau B1:

Erreichst du das Sprachniveau B1 weist du nach, dass du sprachliche Probleme des Alltags selbstständig und flexibel bewältigen kannst. Du kannst demnach ein Gespräch am Laufen halten und im Alltag sagen, was du möchtest bzw. was dir auf dem Herzen liegt.

Inhaltlich reicht dein Wortschatz aus, um dich – wenn auch ein wenig zögerlich und gegebenenfalls mit Hilfe von Umschreibungen – über Themen wie

- Familie,
- Hobbys,
- Interessen,
- Arbeit,
- Reisen sowie
- aktuelle Ereignisse

unterhalten zu können.

Ablauf der Sprachprüfung und Ergebnisbekanntgabe

Wie bereits erwähnt, musst du sowohl einen schriftlichen als auch einen mündlichen Prüfungsteil absolvieren. Die schriftliche Prüfung dauert insgesamt etwa 100 Minuten. Dabei entfallen auf den Hörtest ca. 25 Minuten, auf den Lesetest ca. 45 Minuten und auf den Schreibtest ca. 30 Minuten.

Die sich unmittelbar daran anschließende mündliche Prüfung dauert ca. 15 Minuten.

Eine Pause zwischen den Prüfungen ist nicht vorgesehen.

Hinweis: Nach dem Deutsch-Test für Zuwanderer erwartet dich noch der Test "Leben in Deutschland", auf den wir an dieser Stelle jedoch nicht weiter eingehen.

Nach maximal 4 Wochen erhältst du dein Ergebnis bzw. dein Zertifikat zugesandt.

Häufig gestellte Fragen zum Deutsch-Test für Zuwanderer A2/B1 / FAQ DTZ

Wer genau kann den Deutsch-Test für Zuwanderer machen?

Den Sprachtest kann grundsätzlich Jeder bzw. Jede machen, der bzw. die an einem Integrationskurs teilnimmt und im Zuge dessen am Ende sein bzw. ihr Sprachniveau bescheinigt bekommen möchte. Es ist jedoch auch möglich, an dem Test unabhängig von einem Integrationskurs teilzunehmen.

Wofür benötigst du den Sprachnachweis bzw. das DTZ Zertifikat?

Den Nachweis über dein Sprachniveau benötigst du beispielsweise für eine Einbürgerung oder eine Niederlassungserlaubnis. Ebenfalls ist das Zertifikat bei der Arbeitssuche hilfreich.

Wo findet der DTZ statt?

Der Test wird deutschlandweit an verschiedenen Testzentren durchgeführt. Sofern du an einem Integrationskurs teilnimmst, kann dir deine Lehrerin bzw. dein Lehrer den genauen Ort mitteilen. Ansonsten findest du nähere Informationen auf www.telc.net.

Was kostet der DZT?

Sofern du an einem Integrationskurs teilnimmst, ist der Test für dich kostenfrei. Andernfalls fällt eine Gebühr an, die du bei der jeweiligen Prüfungsstelle anfragen kannst.

Wann musst du dich zur Prüfung anmelden und wie geht es danach weiter?

Den genauen Termin zur Anmeldung erfährst du von deiner Prüfungsstelle. Zumeist solltest du dich mehrere Wochen vor der Prüfung anmelden. Ist dies geschehen, erhältst du im Anschluss einen Einladungsbrief mit Hinweisen auf den genauen Prüfungszeitpunkt sowie -ort.

Was solltest du zur Prüfung mitbringen?

Zur Prüfung musst du deinen Pass oder ein anderes gültiges Dokument mit Foto zum Nachweis deiner Identität mitbringen. Ebenfalls ist ein Schreibgerät, wie ein weicher Bleistift und ein Radiergummi, sowie eine Uhr empfehlenswert. Die Nutzung von Wörterbüchern und deinem Handy bzw. Smartphone ist nicht gestattet.

Kannst du die Sprachprüfung bei Nichtbestehen wiederholen?

Wenn du an dem DTZ teilgenommen, aber anstatt des benötigten B1 nur ein A2 Sprachniveau bescheinigt bekommen hast, kannst du die DTZ **einmalig wiederholen**. In diesem Fall stehen dir zusätzlich 300 Unterrichtseinheiten im Aufbausprachkurs zu. Dies gilt jedoch nur, wenn du ordnungsgemäß am Integrationskurs teilgenommen hast.

Hinweis: Das reine Nachholen einzelner Prüfungsteile ist nicht möglich. Sofern du eine Wiederholung wünscht, musst du also die gesamte Sprachprüfung wiederholen.

Wie kannst du dich auf die Prüfung vorbereiten?

Eine ausgiebige Vorbereitung auf den Deutsch B1 Test ist sehr wichtig. Durch sie lernst du die einzelnen Teile der mündlichen sowie schriftlichen Prüfung kennen und weißt, was genau dich am Prüftag erwarten wird. Üben kannst du entweder alleine, beispielsweise mit diesem Buch. Auch das Lernen in einer Gruppe kann für eine optimale Vorbereitung hilfreich sein, besonders für den mündlichen Prüfungsteil.

6 Hörverständnis B1

Allgemeine Informationen zum Hörverständnis

Da die Alltagskommunikation zu 45% aus Hören besteht, ist es wenig verwunderlich, dass der Aufgabentyp "Hörverständnis" innerhalb einer Sprachprüfung eine großen Rolle einnimmt. Tatsache ist ebenfalls, dass das Hörverständnis für andere Fähigkeiten, wie das Sprechen, unabdingbar ist. Oder wie möchtest du auf eine Frage antworten, wenn du diese erst gar nicht verstanden hast? Wie möchtest du Wörter korrekt aussprechen, wenn du diese noch nie zuvor gehört hast?

Hörverständnis fachlich ausgedrückt: Mit Hilfe von sprachlichem Wissen wird einem Sprachsignal ein gewisser Sinn zugeordnet. Dabei verläuft das Hören in Echtzeit, die akustischen Signale sind flüchtig und vergehen rasch - ganz im Gegensatz zum Lesen.

Bei dem Aufgabentyp "Hörverständnis" geht es also darum, deine "Hören-und-Verstehen"-Kenntnisse zu prüfen.

Hörverständnis Erstsprache vs. Hörverständnis Fremdsprache

Das Hörverständnis in der Erstsprache erfolgt ganz selbstverständlich,also ohne groß darüber nachzudenken. Beim Lernen einer Fremdsprache ist dies jedoch nicht so. Nicht selten stehen Lernende einer fremden Sprache vor großen Schwierigkeiten, wenn es um das Verstehen authentischer Hörsituationen geht. Gerade, wenn die sprechende Person schnell oder gar mit einem bestimmten Dialekt spricht, kann dies eine große Hürde für Fremdsprachler sein.

Fremdsprachler möchten möglichst alles sofort verstehen. Doch bereits kurze Verstehenslücken können dazu führen, dass fremdsprachliche Hörer rasch "den roten Faden" sowie die Motivation verlieren oder - im schlimmsten Fall - den Hörvorgang komplett abbrechen.

Gründe für Verstehenslücken

Grundsätzlich lässt sich sagen, dass Fremdsprachler zumeist nicht über dasselbe sprachliche, inhaltliche und kulturelle Wissen verfügen wie Muttersprachler. Dies ist der Hauptgrund für Verstehenslücken und Missverständnisse.

Weitere Gründe für Verstehensprobleme sind die Art und Weise, wie der Sprechende spricht (schnell, mit Dialekt usw.), die Beschaffenheit der Hörtexte und die Formulierung der jeweiligen zum Hörverständnis gehörenden Aufgabe.

Kriterien für die Bestimmung einer Textschwierigkeit sind u. a.:

- die Textlänge
- die Sprechgeschwindigkeit
- die Anzahl der Sprecher
- die Art und Lautstärke der Hintergrundgeräusche
- die verwendete Sprache (Standardsprache oder Umgangssprache, regionaler Dialekt, Akzent)
- der grammatische Anspruch und
- die Textstruktur (einfacher, klarer Aufbau vs. komplizierte, schwer durchschaubare Gliederung).

Hörverstehen-Aufgaben: Übung macht den Meister

Wenn du dich jedoch ausgiebig auf den Hörverstehen-Prüfteil vorbereitest, sollte dir dieser Testteil keine allzu großen Probleme bereiten.

Mit den nachfolgenden Audios kannst du direkt deine Vorbereitung starten – und dies Schritt für Schritt.

Schaue dir vor dem Hören die verlangte Aufgabenstellung an. Bevor du dich jedoch auf diese stürzt, kannst du zunächst mit "einfachen" Höraufgaben beginnen. Verstehe zunächst die allgemeine Situation, die geschildert wird. Finde im Anschluss heraus, wie viele Sprecher auftreten und ob diese bestimmte Sprachmerkmale aufweisen.

Zwei Dinge gelten: Übung macht den Meister und setze dich nicht unter Druck! Übe regelmäßig und du wirst sehen, dieser Aufgabentyp wird dir immer weniger Probleme bereiten.

6.1 Test: Das Auto

Höre dir die nachfolgende Audiodatei an und beantworte anschließend die Fragen.

1. Wie heißt das Marktforschungsinstitut?

   ☐ a) Meyer

   ☐ b) Müller

   ☐ c) Heiner

   ☐ d) Wird nicht gesagt

2. Wie sind immer mehr Menschen unterwegs?

   ☐ a) Mit dem Auto

   ☐ b) Mit dem Fahrrad

   ☐ c) Mit dem Öffentlichen Personennahverkehr (ÖPNV)

3. Welche Fahrradart verkauft sich besonders gut?

   ☐ a) Trekkingbikes

   ☐ b) Citybikes

   ☐ c) Wird nicht gesagt

   ☐ d) E-Bikes

4. Wer steht oft im Stau?

   - ☐ a) S-Bahnen
   - ☐ b) U-Bahnen
   - ☐ c) Autofahrer
   - ☐ d) Wird nicht gesagt

5. Mit welchem Fortbewegungsmittel tut man seiner Gesundheit etwas Gutes?

   - ☐ a) Fahrrad
   - ☐ b) Auto
   - ☐ c) S-Bahn
   - ☐ d) U-Bahn

6.2 Lösungen: Das Auto

Aufgabe	Lösung	Aufgabe	Lösung	Aufgabe	Lösung
1.	b)	2.	b), c)	3.	d)
4.	c)	5.	a)		

Lösungen der Auswahl-Fragen.

6.3 Test: Helene Fischer

Höre dir die nachfolgende Audiodatei an und beantworte anschließend die Fragen.

1. In wie vielen Städten ist die Sängerin auf Tournee zu sehen?

○ a) 17

○ b) 4

○ c) 14

○ d) 40

2. Mit wem sang Helene Fischer ein Duett?

○ a) Zirkus der Sonne

○ b) Wird nicht gesagt

○ c) Florian Silbereisen

○ d) Hitparade

3. Was geschah am 14. Mai 2005?

○ a) Helene Fischer hatte Geburtstag.

○ b) Helene Fischer hatte ihren ersten Fernsehauftritt.

○ c) Wird nicht gesagt

○ d) Helene Fischer heiratete Florian Silbereisen.

4. Wann ging Helene Fischer das erste Mal auf Tournee?

- ◯ a) 2005
- ◯ b) 2011
- ◯ c) 2019
- ◯ d) 2007

5. Wann hatte Helene Fischer ihren ersten Nummer 1 Hit?

- ◯ a) 2005
- ◯ b) 2019
- ◯ c) 2007
- ◯ d) 2011

6.4 Lösungen: Helene Fischer

Aufgabe	Lösung	Aufgabe	Lösung	Aufgabe	Lösung
1.	a)	2.	c)	3.	b)
4.	d)	5.	d)		

Lösungen der Auswahl-Fragen.

6.5 Test: Die Smartwatch

Höre dir die nachfolgende Audiodatei an und beantworte anschließend die Fragen.

1. Wie heißt die angerufene Person?

   - ○ a) Theo
   - ○ b) Wird nicht gesagt
   - ○ c) Jan
   - ○ d) Spaziergang

2. Wie lang soll das Training nach dem Aufstehen sein?

   - ○ a) eine Minute
   - ○ b) zwei Minuten
   - ○ c) eine Stunde
   - ○ d) Wird nicht gesagt

3. Wann hat Marie sich die Smartwatch gekauft?

   - ○ a) Wird nicht gesagt
   - ○ b) Am Dienstag
   - ○ c) Neulich
   - ○ d) Vor ein paar Tagen

4. Kann die Smartwatch den Schlaf überwachen?

- ◯ a) Nein
- ◯ b) Ja
- ◯ c) Wird nicht gesagt

5. Kann Marie eigene Videos als Hintergrund auf der Uhr einstellen?

- ◯ a) Ja
- ◯ b) Nein
- ◯ c) Wird nicht gesagt

6.6 Lösungen: Die Smartwatch

Aufgabe	Lösung	Aufgabe	Lösung	Aufgabe	Lösung
1.	c)	2.	a)	3.	c)
4.	b)	5.	c)		

Lösungen der Auswahl-Fragen.

6.7 Test: Möbel Meier

Höre dir die nachfolgende Audiodatei an und beantworte anschließend die Fragen.

1. Aus welchem Material besteht die Deko-Katze?

   - ◯ a) Glas
   - ◯ b) Porzellan
   - ◯ c) Holz
   - ◯ d) Wird nicht gesagt

2. Wie breit ist die Schrankwand "Heinz"?

   - ◯ a) 175 cm
   - ◯ b) Wird nicht gesagt
   - ◯ c) 200 cm
   - ◯ d) 20 cm

3. Welchen Namen hat der Glasschrank?

   - ◯ a) Heinz
   - ◯ b) Sandra
   - ◯ c) Andrea
   - ◯ d) Urlaubsinsel

4. Welchen Namen hat die Deko-Katze?

- ◯ a) Urlaubsinsel
- ◯ b) Wird nicht gesagt
- ◯ c) Sandra
- ◯ d) Harald

5. Wie viele Türen hat der Schrank für das Schlafzimmer?

- ◯ a) 8
- ◯ b) 6
- ◯ c) 2
- ◯ d) Wird nicht gesagt

6.8 Lösungen: Möbel Meier

Aufgabe	Lösung	Aufgabe	Lösung	Aufgabe	Lösung
1.	b)	2.	c)	3.	d)
4.	b)	5.	a)		

Lösungen der Auswahl-Fragen.

7 Leseverstehen B1

Bei dem Test zum Leseverständnis geht es darum, deine Fähigkeit, Inhalte aus einem Text zu ziehen, zu prüfen. Dir wird ein Text vorgegeben, zu dem du gewisse Fragen beantworten sollst.

Im Gegensatz zum Hörverstehen geht es beim Lesen um keine flüchtigen, akustischen Signale, die schnell verstanden werden müssen. Das Lesen ist eine hoch komplexe, kreative Fähigkeit. Die Bedeutung des Gelesenen entsteht bei dem Zusammenspiel von Textinhalten und der eigenen Erwartung, die man an den Text zuvor stellt.

Fremdsprachliches vs. muttersprachliches Lesen

Grundsätzlich gibt es zwischen dem fremdsprachlichen und muttersprachlichen Lesen keinen markanten Unterschied. Einzig eine verminderte Leseflüssigkeit, die aufgrund eines eingeschränkten Wortschatzes sowie eines fehlenden Hintergrundwissens auftreten kann, ist kennzeichnend.

Gut zu wissen: Muttersprachliche Lesefertigkeiten werden nicht zwingend auf die Lesefertigkeit einer Fremdsprache übertragen. Das heißt, kannst du in deiner Muttersprache schnell und flüssig lesen, muss dies bei einer Fremdsprache nicht auch so sein. Damit du demnach auch im fremdsprachlichen Lesen glänzen kannst, solltest du intensiv an deinem Wortschatz arbeiten.

Richtig lesen, richtig verstehen: Tipps und Tricks für deine Vorbereitung

Wie auch schon beim Hörverstehen gilt auch hier: Übung macht den Meister!
Wenn du regelmäßig übst sowie diese Tipps befolgst, wird dir dieser Aufgabentyp in der Sprachprüfung keine Schwierigkeiten machen.

Tipps und Tricks:

- Ließ dir zunächst den Text ganz in Ruhe durch.
- Ließ dir danach die Aufgabenstellung durch.
- Betrachte die Angaben zum Titel, Autor und Quelle, so dass du das Thema einordnen kannst.
- Überlege: Hast du zu dem Thema bereits Vorwissen? Vielleicht ist dieses für die Beantwortung der Fragen bereits hilfreich.
- Ließ dir den Text ein weiteres Mal durch und markiere dir Schlüsselwörter bzw. Textbereiche. Markiere jedoch nicht zu viel, denn sonst verlierst du schnell den Überblick.
- Lass dich nicht davon unterkriegen, wenn du nicht alle Wörter verstehst. Oftmals reicht der Zusammenhang, um die Aufgabenstellung zu bewältigen.

7.1 Test: Katzen

Lies den unten stehenden Text und beantworte danach die Fragen im Test.

Die Katzen

Meine Frau und ich hatten vor ein paar Wochen überlegt, uns eine Katze anzuschaffen. Allerdings verfügten wir noch über keinerlei Erfahrungen mit diesen Tieren. Daher wollten wir uns beraten lassen. Unsere erste Anlaufstelle war ein befreundetes Ehepaar, das bereits zwei Katzen besitzt. Wir riefen die beiden an und fragten, ob sie uns Informationen bezüglich dieser Tierart geben könnten. Da Antje und Jonas – so heißen die beiden – sehr nett sind, sagten sie sofort zu. Sie schlugen vor, dass wir zu ihnen ins Haus kämen, so könnten wir uns auch mit ihren Katzen beschäftigen.

Im Haus angekommen, wurden wir ins Wohnzimmer gebeten. Wir hatten natürlich sehr viele Fragen und damit wir keine ausließen, hatten wir sie uns aufgeschrieben. Als Erstes wollten wir wissen, ob es besser wäre, eine einzelne oder mehrere Katzen zu halten. Daraufhin antworteten sie uns, dass man eine Katze niemals alleine halten sollte, wenn sie nur im Haus gehalten würde. Stattdessen sei es besser, sich mindestens zwei Tiere anzuschaffen, da Katzen sehr gesellig sind. Diese Antwort erstaunte uns, damit hatten wir nicht gerechnet.

Die nächste Überraschung kam, als wir die beiden fragten, welchen Züchter sie uns empfehlen könnten. Sie erwiderten, dass es am besten sei, sich in einem Tierheim umzuschauen. Dort wären sehr viele Katzen, die sich freuen würden, wenn jemand sie adoptierte. Außerdem könnten die Pfleger uns beraten, welche Katzen am besten zu uns passen würden. Schließlich gäbe es ruhige und sehr aktive Katzen und für uns wäre wohl eine Stillere am besten geeignet.

Wir hatten noch viele weitere Fragen, die Antje und Jonas sehr geduldig beantworteten. Als wir nach Hause kamen, mussten wir das Gespräch erst einmal auf uns wirken lassen. Zwei Tage später suchten wir dann tatsächlich ein Tierheim auf. Dort wurden wir sehr freundlich beraten. Man zeigte uns zwei Katzen, deren gemeinsamer Besitzer vor kurzem gestorben war und die sich auch für Anfänger eigneten. Nachdem wir eine Nacht darüber geschlafen hatten, fuhren wir am nächsten Tag wieder ins Tierheim und holten die Katzen ab. Das ist jetzt zwei Monate her und nun sind wir glückliche Katzeneltern.

1. Hatten die Frau und der Mann schon einmal Katzen?

   ○ a) Ja

   ○ b) Steht nicht im Text

   ○ c) Nein

2. Wo kaufen die Personen die Katzen?

   - ◯ a) Von einer Privatperson
   - ◯ b) Im Tierheim
   - ◯ c) Vom Züchter
   - ◯ d) Steht nicht im Text

3. Wie viele Katzen kaufen die Personen?

   - ◯ a) Eine Katze
   - ◯ b) Zwei Katzen
   - ◯ c) Drei Katzen
   - ◯ d) Keine Katze

4. Sind die Katzen für Anfänger geeignet?

   - ◯ a) Ja
   - ◯ b) Nein
   - ◯ c) Steht nicht im Text

5. Wie lange haben die Personen die Katzen schon?

   - ◯ a) Zwei Wochen
   - ◯ b) Zwei Monate
   - ◯ c) Zwei Tage
   - ◯ d) Steht nicht im Text

7.2 Lösungen: Katzen

Aufgabe	Lösung	Aufgabe	Lösung	Aufgabe	Lösung
1.	c)	2.	b)	3.	b)
4.	a)	5.	b)		

Lösungen der Auswahl-Fragen.

7.3 Test: Waschmittel

Lies den unten stehenden Text und beantworte danach die Fragen im Test.

Heute habe ich wieder einmal ganz unverhofft etwas gelernt. Eigentlich wollte ich nur Lebensmittel einkaufen gehen, aber es kam anders.

Mir fiel nämlich ein, dass ich auch noch Waschmittel brauchte. Und ich weiß nicht, warum, aber ich ging dafür extra einen Umweg, um es in einem Drogeriemarkt zu kaufen.

Dort angekommen, hielt ich nach den Angeboten Ausschau und wollte gerade zugreifen, als ein Verkäufer auf mich zukam, der sich als mein Nachbar entpuppte. Er fragte mich, warum ich denn Universalwaschmittel kaufen würde, wo ich doch meistens bunte Sachen trage. Ich entgegnete ihm, dass ich immer zu solch einem Waschmittel greifen würde, da alle anderen Sorten meiner Meinung nach überflüssig seien. Er erklärte mir daraufhin, dass ich falsch läge und es tatsächlich sinnvoll sei, für verschiedene Bekleidungsarten unterschiedliche Waschmittel zu verwenden.

So wäre ein Vollwaschmittel tatsächlich nur für weiße und helle Sachen geeignet. Denn dieses würde über Bleichmittel und Aufheller verfügen, womit es effektiv Flecken bekämpfen würde. Für farbenfrohe und schwarze Wäsche sollte ich jedoch besser auf ein Color-Waschmittel zurückgreifen, denn das Universalwaschmittel würde die Farben ausbleichen und beispielsweise Schwarz in Braun verwandeln. Color-Waschmittel hingegen würde die Farben schützen.

Da es beim Universalwaschmittel hauptsächlich darum ginge, dass die Flecken entfernt würden, solle man es in Pulverform kaufen, da dies am effektivsten sei. Beim Color-Waschmittel hingegen solle die Wäsche natürlich auch sauber werden, aber hier sei es wichtiger, dass die Farben geschützt wären. Von daher sei beim Color-Waschmittel ein Gel besser, da dieses in der Regel milder sei.

Nun deutlich klüger in Bezug auf Waschmittel, fragte ich meinen Nachbarn, welches der Color-Waschmittel er denn empfehlen könne. Er riet mir zu der Sorte, die diese Woche im Angebot ist. Das freute mich, denn somit konnte ich nicht nur meiner Wäsche etwas Gutes tun, sondern auch gleichzeitig meinem Geldbeutel.

Ja, so kann es manchmal passieren. Man möchte eigentlich nur etwas ganz Normales machen und dann wird daraus etwas Besonderes. Ich werde meine Buntwäsche jedenfalls in Zukunft nur noch mit Color-Waschmittel waschen. Universalwaschmittel habe ich allerdings auch noch gekauft, schließlich habe ich ja auch Handtücher und Waschlappen, für die sich solch ein Waschmittel besser eignet.

1. Wo wird das Waschmittel gekauft?

   ◯ a) Supermarkt

   ◯ b) Drogeriemarkt

   ◯ c) Lebensmittelmarkt

   ◯ d) Steht nicht im Text

2. Wer kennt sich im Text mit Waschmittel aus?

   ◯ a) Der Nachbar

   ◯ b) Die Person selbst

   ◯ c) Die Verkäuferin

   ◯ d) Steht nicht im Text

3. Welches Waschmittel möchte die Person zu erst kaufen?

   ◯ a) Color-Waschmittel

   ◯ b) Universalwaschmittel

   ◯ c) Vollwaschmittel

   ◯ d) Steht nicht im Text

4. Wie viele Waschmittelarten werden im Text genannt?

   ◯ a) eine

   ◯ b) zwei

   ◯ c) drei

   ◯ d) vier

5. Wie viele Waschmittel kauf die Person?

 - ○ a) keins
 - ○ b) eins
 - ○ c) zwei
 - ○ d) drei

7.4 Lösungen: Waschmittel

Aufgabe	Lösung	Aufgabe	Lösung	Aufgabe	Lösung
1.	b)	2.	a)	3.	b)
4.	c)	5.	c)		

Lösungen der Auswahl-Fragen.

7.5 Test: U-Bahn

Lies den unten stehenden Text und beantworte danach die Fragen im Test.

Demnächst sollen in Hamburg die Arbeiten für die neue U-Bahn-Linie 5 losgehen. Die circa 24 Kilometer lange Strecke soll dabei Gebiete an das Schienennetz anbinden, die bisher nur von Bussen bedient werden.

Insgesamt soll die U5 23 Stationen bekommen, von denen es sich bei 15 um komplette Neubauten handelt. Die restlichen acht Stationen sind solche, die bereits existieren und von anderen U-Bahn-Linien angefahren werden; diese werden nun eine Erweiterung erfahren.

Zum jetzigen Zeitpunkt wird damit gerechnet, dass der erste Probebetrieb im Jahre 2027 stattfinden wird und ab 2028 der reguläre Betrieb auf dem ersten Abschnitt beginnen kann. Mit dem Bau des zweiten – mit 18 Stationen deutlich größeren – Teilstücks wird Stand heute ab dem Jahr 2025 begonnen. Bis 2035 soll die Linie, die auf dem Netzplan in der Farbe Karamell eingezeichnet sein wird, fertig sein.

Die Linie U5 ist die erste neue U-Bahnlinie in Hamburg seit 2012, als am 29.11.2012 die U4 ihre erste Fahrt absolvierte. Sie soll insgesamt täglich bis zu 270.000 Fahrgäste transportieren. Dabei wird sie unter anderem die Großwohnsiedlung Steilshoop, in der über 10.000 Menschen wohnen, an das Schnellbahnnetz anschließen. Ebenfalls wird sie in der Bürostadt City Nord einen Halt bekommen, so dass mehr als 30.000 Angestellte ihren Arbeitsplatz bequem auf dem Schienenweg erreichen können.

Ganz neu für Hamburg dabei ist die Tatsache, dass es sich um eine führerlose U-Bahn handelt, das heißt, sie fährt automatisch. Es gab zwar bereits 1967 ein Experiment, bei dem Züge selbstständig fuhren, aber dieses wurde nach kurzer Zeit bereits wieder aufgegeben.

Die Gründe für den Bau der U5 sind vor allem Umweltaspekte. So ist es das Ziel der Freien und Hansestadt Hamburg, möglichst viele Menschen dazu zu bringen, ihr Auto stehenzulassen und sich in Zukunft zu Fuß, mit dem Fahrrad oder eben per Bus und Bahn von A nach B zu bewegen. Es werden vielfach Fußwege verbreitert und Fahrradwege auf die Straße verlegt, auf der dann weniger Platz für Autos ist. Ebenfalls werden die Takte bestehender U-, S- und Buslinien verdichtet und es sollen mehr Busstationen errichtet werden, so dass kein Hamburger länger als fünf Minuten bis zur nächsten Station laufen muss.

1. An welcher U-Bahn Linie finden Bauarbeiten statt?

   ◯ a) Linie 3

   ◯ b) Linie 23

   ◯ c) Linie 5

   ◯ d) Linie 4

2. Wie viele neue Stationen bekommt die U-Bahn Linie?

   ◯ a) 29

   ◯ b) 24

   ◯ c) 15

   ◯ d) Steht nicht im Text

3. Was ist neu an der neuen U-Bahn Linie?

   ◯ a) Sie fährt ohne Führer.

   ◯ b) Sie kann viele Menschen unterbringen.

   ◯ c) Steht nicht im Text

4. Wann soll die neue U-Bahn Linie fertig sein?

- ◯ a) 2025
- ◯ b) 2028
- ◯ c) 2035
- ◯ d) 2012

7.6 Lösungen: U-Bahn

Aufgabe	Lösung	Aufgabe	Lösung	Aufgabe	Lösung
1.	c)	2.	c)	3.	a)
4.	c)				

Lösungen der Auswahl-Fragen.

7.7 Test: Sonntags

Lies den unten stehenden Text und beantworte danach die Fragen im Test.

Eigentlich wollte ich heute einen Ausflug in die Natur unternehmen. Schließlich ist Sonntag und da habe ich frei. Allerdings setzte schon früh am Morgen starker Regen ein. Da es nicht den Anschein hatte, als würde das Wetter sich noch ändern, beschloss ich, zu Hause zu bleiben.

Und tatsächlich erwies sich diese Entscheidung als goldrichtig. Denn je mehr ich darüber nachdachte, wie ich den Tag verbringen könnte, desto mehr Sachen fielen mir ein, die noch zu tun waren. Ich erstellte eine Liste, die ich Punkt für Punkt abarbeitete.

Zuerst füllte ich meine Waschmaschine und stellte diese an. Das gleiche tat ich mit dem Geschirrspüler. Sodann holte ich den Staubsauger hervor, um zu saugen. Auch Staub wischte ich noch. Das war dann erst einmal genug körperliche Arbeit, es sollte ja schließlich auch abwechslungsreich sein. Also kümmerte ich mich danach erst einmal um die Steuererklärung, denn es ist wichtig, dass diese pünktlich eingereicht wird. Nachdem ich damit fertig war, räumte ich sowohl die Waschmaschine als auch die Spülmaschine aus. Nun war es Zeit für das Mittagessen, das ich natürlich auch noch kochen musste. Nachdem ich dieses gegessen hatte, legte ich mich erst einmal hin und überlegte, was ich noch alles tun könnte. Ich schlief dabei ein und als ich nach circa 20 Minuten wieder aufwachte und aus dem Fenster schaute, sah ich, dass es aufgehört hatte zu regnen.

In dem Moment klingelte das Telefon: Rolf war am Apparat. Er fragte mich, ob wir nicht einen kleinen Spaziergang machen wollten, schließlich sei das Wetter ja nun deutlich besser geworden. Ich willigte ein und ging zum vereinbarten Treffpunkt.

Da ich nicht sicher war, ob es tatsächlich trocken bleiben würde, nahm ich vorsichtshalber meinen Regenschirm mit. Glücklicherweise handelt es sich dabei um einen, der bequem in meinen Rucksack passt, so dass ich ihn nicht die ganze Zeit in der Hand halten musste. Rolf und ich gingen zwei Stunden durch einen Park und an einem See entlang und erzählten von alten Zeiten. Als ich nach Hause kam, war ich froh, dass ich am heutigen Tag sowohl wichtige Sachen erledigt, als auch etwas für mich getan hatte.

1. Geht die Person in der Geschichte spazieren?

   ☐ a) Ja

   ☐ b) Nein

   ☐ c) Steht nicht im Text

2. Wie lange geht die Person spazieren?

   ☐ a) 20 Minuten

   ☐ b) gar nicht

   ☐ c) zwei Stunden

   ☐ d) Steht nicht im Text

3. Was gab es zum Mittagessen?

   ☐ a) Kartoffeln

   ☐ b) Nudeln

   ☐ c) Nichts

   ☐ d) Steht nicht im Text

4. Welche Aufgabe(n) erledigt die Person in der Geschichte?

- ☐ a) Wäsche waschen
- ☐ b) Müll runterbringen
- ☐ c) Staub wischen
- ☐ d) Mit dem Hund rausgehen

5. Wie lange hat die Person geschlafen?

- ☐ a) 20 Minuten
- ☐ b) 2 Stunden
- ☐ c) 30 Minuten
- ☐ d) Steht nicht im Text

7.8 Lösungen: Sonntags

Aufgabe	Lösung	Aufgabe	Lösung	Aufgabe	Lösung
1.	a)	2.	c)	3.	d)
4.	a), c)	5.	a)		

Lösungen der Auswahl-Fragen.

8 Schriftlicher Ausdruck B1

In diesem DZT Prüfungsteil geht es darum, deinen schriftlichen Ausdruck, deine Rechtschreibung sowie deinen Wortschatz zu überprüfen. In der Regel hast du in der Prüfung die Wahl zwischen zwei Textaufgaben. Inhaltlich stammen die Textthemen aus dem Alltag. Beispielsweise wirst du gebeten, einem Freund eine E-Mail zu schreiben oder auf eine Wohnungsannonce schriftlich zu antworten.

Bei der schriftlichen Deutsch B1 Prüfung hat jedoch das Textverständnis einen höheren Stellenwert als die sprachliche Korrektheit des Textes. Wenn dir also ein paar Rechtschreibfehler unterlaufen, ist das für das Bestehen der B1 Prüfung (noch) kein allzu großes Hindernis. Versuche dennoch Rechtschreibfehler zu vermeiden.

Unsere Tipps für das Verfassen deines Textes:

- Achte auf formale Vorgaben, die für die Gestaltung des Textes wichtig sind (Sollst du eine E-Mail oder einen Brief schreiben?).
- Denke an einen passenden Gruß sowie eine korrekte Anrede (Schreibst du einem Freund oder einem fremden Menschen?).
- Beziehe dich in deinem Einleitungssatz auf das Hauptthema.
- Achte auf einen logischen Textaufbau (gliedere ihn: Einleitung, Haupt- und Schlussteil).
- Gliedere den Hauptteil in verschiedene Teilbereiche und verbinde diese mit sinnvollen Überleitungen.
- Denke an einen passenden Schlussteil, der sowohl eine Zusammenfassung als auch einen Abschiedsgruß enthält.

Zur Vorbereitung findest du in diesem Buch verschiedene Diktate, Lückentexte sowie Aufgaben zur deutschen Grammatik. Diese Übungen werden deinen Wortschatz erhöhen und dir grammatikalische Feinheiten aufzeigen.

Unser Tipp: Stelle dir im Anschluss selbst bestimmte Aufgaben, bei denen du selbstständig einen Text verfasst. Schreibe beispielsweise einem Freund und lade diesen auf eine Feier ein, schreibe einem Vermieter und bekunde dein Interesse an einer Wohnung oder verfasse eine E-Mail zu einem Familienmitglied und beschreibe deinen Alltag. Lass deine selbst verfassten Texte von einem Muttersprachler korrigieren, so dass du direkt aus deinen Fehlern lernen kannst.

Mit kontinuierlichem Üben wirst du sehen, dass all diese Aufgaben dich bestens auf den dritten Prüfungsteil der schriftlichen Prüfung des DZT vorbereiten.

8.1 Diktate

Was ist ein Diktat ?

Das Diktat wird als ökonomische und objektive Form der Leistungsmessung angesehen, wobei als selbstverständlich unterstellt wird, dass damit auch die gesamte Rechtschreibfähigkeit gemessen werden kann.

Welche Arten von Diktaten gibt es ?

Das Volltextdiktat

Diese Variante des Diktats ist aus der Schule bekannt: Ein kompletter Text wird Satz für Satz diktiert. Die Prüflinge müssen den gesamten Text aufschreiben. Beim Volltextdiktat kommt es daher nicht bloß auf die korrekte Rechtschreibung an, der Text muss auch komplett erfasst sowie niedergeschrieben werden. Beachte dabei folgendes: Der Text enthält natürlich auch einige schwierige Wörter!

Das Lückendiktat

Das Lückendiktat ist eine zeitsparende und bei Prüflingen meist **beliebte Variante des Diktats**. Es kommt hierbei nicht darauf an, einen kompletten Artikel oder Text aufzuschreiben, vielmehr müssen fehlende Wörter in die bestehenden **Lücken innerhalb des Textes** eingesetzt werden. Wie viele Lücken der Text enthält, unterscheidet sich dabei von Übung zu Übung.

Diese Variante des Diktats konzentriert sich logischerweise auf die „schweren" Wörter des Textes. Daher ist es umso wichtiger, **konzentriert und ruhig** an die Sache heranzugehen – schließlich kann hier kein Punkt mit den leichten Vokabeln gesammelt werden! Häufig wird das Lückendiktat auch im Rahmen des **Computertests** durchgeführt. Dabei liegt der Text den Prüflingen digital bzw. elektronisch vor und der Text muss per Computer eingegeben werden.

Das Fehlerdiktat

Das Fehlerdiktat ist **eigentlich kein klassisches Diktat**. Wir listen es jedoch dennoch auf, da auch hier die Rechtschreibung und Grammatik der zu Prüfenden getestet werden soll. Beim Fehlerdiktat liegt den Prüflingen ein Text vor, der voll von Rechtschreibfehlern und grammatikalischen Unsauberkeiten ist (schwierige Wörter sind falsch geschrieben oder Zeichen falsch gesetzt).

Es geht also darum, die Fehler zu entdecken und zu korrigieren. Diese Variante des Tests ist besonders bei Computertests weit verbreitet und wird in der Regel am PC durchgeführt.

8.1.1 Test: Weltraum

WAS IST ZU TUN?

Nimm dir einen unbeschriebenen Zettel. Scanne den QR Code, um zum Audio zu gelangen. Während du dir dieses Audio anhörst, schreibe das Diktat Wort für Wort auf deinem unbeschriebenen Zettel mit. Pausen sind während des Übens natürlich jederzeit möglich. Achte dabei auch auf die Zeichensetzung in der Satzmitte oder am Satzende. Die Lösung des Diktats findest du auf der nächsten Seite.

*Einige Wörter für dieses Diktat, deren Schreibweise wir dir vorgeben:

- Hochvakuum
- Sphäre

1. Viel Erfolg bei dem Diktat "Weltraum":

8.1.2 Lösungen: Weltraum

Aufgabe	Lösung
1.	Seit Jahrhunderten beschäftigt und fasziniert der Weltraum die Menschen. Doch was ist er genau? Der Weltraum bezeichnet den Raum zwischen Himmelskörpern. Die Atmosphären von festen und gasförmigen Himmelskörpern haben keine feste Grenze nach oben, sondern werden mit zunehmendem Abstand zum Himmelskörper allmählich immer dünner. Ab einer bestimmten Höhe spricht man vom Beginn des Weltraums. Im Weltraum herrscht ein Hochvakuum mit niedriger Teilchendichte. Er ist aber kein leerer Raum, sondern enthält Gase, Staub und Elementarteilchen. Außerdem enthält er elektrische und magnetische Felder, Gravitationsfelder und elektromagnetische Wellen. Dadurch, dass im Weltraum nahezu Vakuum herrscht, ist er außerordentlich durchsichtig und erlaubt die Beobachtung extrem entfernter Objekte. Der erdnahe Weltraum wird vom Magnetfeld der Erde dominiert. Er reicht von den oberen Regionen der Atmosphäre bis an die Grenze der irdischen Magnetosphäre.

Lösungen der Text-Aufgaben.

8.1.3 Test: Sterne

WAS IST ZU TUN?

Nimm dir einen unbeschriebenen Zettel. Scanne den QR Code, um zum Audio zu gelangen. Während du dir dieses Audio anhörst, schreibe das Diktat Wort für Wort auf deinem unbeschriebenen Zettel mit. Pausen sind während des Übens natürlich jederzeit möglich. Achte dabei auch auf die Zeichensetzung in der Satzmitte oder am Satzende. Die Lösung des Diktats findest du auf der nächsten Seite.

*Schreibe die Zahlen so: 100.000, 2.200, 45.000...

1. Viel Erfolg bei dem Diktat "Sterne":

8.1.4 Lösungen: Sterne

Aufgabe	Lösung
1.	Unter einem Stern versteht die Astronomie einen massereichen, selbstleuchtenden Himmelskörper. Er besteht aus sehr heißem Gas und Plasma, ähnlich unserer Sonne. Er wird durch die eigene Schwerkraft zusammengehalten und ist an der Oberfläche 2.200 bis 45.000 Grad heiß. Sogenannte "Weiße Zwerge" können Temperaturen bis zu 100.000 Grad erreichen. Dass fast alle dem bloßen Auge punktförmig erscheinenden Himmelskörper weit entfernte Sonnen sind, ist eine der wichtigsten Erkenntnisse der modernen Astronomie. Über 70 Prozent der Sterne sind Teil eines Doppelsternsystems. Viele haben ein Planetensystem. In größerer Zahl bilden sie Sternhaufen und riesige, linsenförmige Galaxien. Sterne kommen in unterschiedlichsten Größen, Leuchtkräften und Farben vor und werden daher nach bestimmten Eigenschaften klassifiziert. Sie sind äußerst aktive Gasriesen, die im inneren Millionen Grad heiß und sehr turbulent sind. Von ihrer glühenden Oberfläche senden sie neben intensiver Strahlung auch geladene Plasmateilchen weit in den Raum.

Lösungen der Text-Aufgaben.

8.1.5 Test: Papier

WAS IST ZU TUN?

Nimm dir einen unbeschriebenen Zettel. Scanne den QR Code, um zum Audio zu gelangen. Während du dir dieses Audio anhörst, schreibe das Diktat Wort für Wort auf deinem unbeschriebenen Zettel mit. Pausen sind während des Übens natürlich jederzeit möglich. Achte dabei auch auf die Zeichensetzung in der Satzmitte oder am Satzende. Die Lösung des Diktats findest du auf der nächsten Seite.

1. Viel Erfolg bei dem Diktat "Papier":

8.1.6 Lösungen: Papier

Aufgabe	Lösung
1.	Papier ist ein flächiger Werkstoff, der im Wesentlichen aus Fasern meist pflanzlicher Herkunft besteht und durch Entwässerung einer Fasersuspension auf einem Sieb gebildet wird. Das dabei entstehende Faservlies wird verdichtet und getrocknet. Papier wird einerseits zum Beschreiben und Bedrucken und andererseits zum Verpacken verwendet. Der Anteil dieser beiden Papiergruppen an der Papierproduktion in Deutschland betrug 2011 rund 87 Prozent. Mit großem Abstand folgen die Hygienepapiere wie Haushaltstücher und die technischen Spezialpapiere wie Filterpapiere, Dekorpapiere oder Tapeten mit einem Anteil von 13 Prozent. Heute wird Papier in der Regel aus Zellstoff oder aus Holzstoff hergestellt. Wieder zu verwertendes (oder Wiederzuverwertendes) Papier in Form von Altpapier stellt mittlerweile die wichtigste Rohstoffquelle in Europa dar. Je nach Masse und Eigenschaften wird zwischen Papier, Karton oder Pappe unterschieden. Aufgrund der vielfältigen Kombinationsmöglichkeiten bei den Rohstoffen, der Fertigung, der Verarbeitung und der Verwendung existieren etwa 3000 Papiersorten.

Lösungen der Text-Aufgaben.

8.1.7 Test: Kommunikation

WAS IST ZU TUN?

Nimm dir einen unbeschriebenen Zettel. Scanne den QR Code, um zum Audio zu gelangen. Während du dir dieses Audio anhörst, schreibe das Diktat Wort für Wort auf deinem unbeschriebenen Zettel mit. Pausen sind während des Übens natürlich jederzeit möglich. Achte dabei auch auf die Zeichensetzung in der Satzmitte oder am Satzende. Die Lösung des Diktats findest du auf der nächsten Seite.

1. Viel Erfolg bei dem Diktat "Kommunikation":

8.1.8 Lösungen: Kommunikation

Aufgabe	Lösung
1.	Unter Kommunikation wird der Austausch oder die Übertragung von Informationen auf verschiedene Arten und Wege verstanden. Unsere Kommunikationsmöglichkeiten wären ohne Technik sehr begrenzt. Das gesprochene Wort hat nur eine geringe Reichweite. Das Gedächtnis ist ein unzuverlässiger Speicher. Die Erfindung der Schrift machte es möglich, über weite Entfernungen Informationen auszutauschen und aufzubewahren. Mitte des 15. Jahrhunderts erfand Gutenberg den Buchdruck. Nun wurde Geschriebenes einem breiteren Publikum zugänglich. Im 19. Jahrhundert erschloss dann die Elektrizität neue Möglichkeiten der Kommunikation. Mit dem Telegrafen, dem Fernschreiber und später mit dem Telefon, dem Fernsprechapparat, ließen sich Botschaften in Sekundenschnelle übermitteln. Seither ist die Entwicklung rasch fortgeschritten. Das Internet eröffnet ganz neue Formen der Kommunikation. Nun können Menschen über den gesamten Planeten miteinander chatten oder per Video telefonieren und sich austauschen.

Lösungen der Text-Aufgaben.

8.1.9 Test: Erdbeben

WAS IST ZU TUN?

Nimm dir einen unbeschriebenen Zettel. Scanne den QR Code, um zum Audio zu gelangen. Während du dir dieses Audio anhörst, schreibe das Diktat Wort für Wort auf deinem unbeschriebenen Zettel mit. Pausen sind während des Übens natürlich jederzeit möglich. Achte dabei auch auf die Zeichensetzung in der Satzmitte oder am Satzende. Die Lösung des Diktats findest du auf der nächsten Seite.

1. Viel Erfolg bei dem Diktat "Erdbeben":

8.1.10 Lösungen: Erdbeben

Aufgabe	Lösung
1.	Als Erdbeben werden messbare Erschütterungen des Erdkörpers bezeichnet. Sie entstehen durch Massenverschiebungen, zumeist als tektonische Beben infolge von Verschiebungen an Bruchfugen. In weniger bedeutendem Maße auch durch vulkanische Aktivität, Einsturz oder Absenkung unterirdischer Hohlräume. Erdbeben, deren Herd unter dem Meeresboden liegt, werden auch Seebeben oder unterseeische Erdbeben genannt. Sie unterscheiden sich von anderen Beben zum Teil in den Auswirkungen, jedoch nicht in ihrer Entstehung. Erdbeben bestehen in der Regel nicht aus einer einzelnen Erschütterung, sondern ziehen meist weitere nach sich. Man spricht in diesem Zusammenhang von Vorbeben und Nachbeben mit Bezug auf ein stärkeres Hauptbeben. Treten Erdbeben über einen längeren, begrenzten Zeitraum gehäuft auf, so spricht man von einem Schwarmbeben. Solche treten vor allem in vulkanisch aktiven Regionen auf. Starke Erdbeben können Häuser und Bauten zerstören, Tsunamis und Erdrutsche auslösen und dabei Menschen töten.

Lösungen der Text-Aufgaben.

8.2 Lückentexte

8.2.1 Test: Aggressives Verhalten im Diskurs

WAS IST ZU TUN?

Scanne den QR Code, um zum Audio zu gelangen. Während du dir dieses Audio anhörst, füllst du die Lücken Aufgabe für Aufgabe aus. Pausen sind während des Übens natürlich jederzeit möglich. Die Lösung des Lückendiktats findest du am Ende der Übung.

Viel Erfolg bei dem Lückendiktat "Aggressives Verhalten im Diskurs":

1. Schreibe den ersten Satz komplett mit:

   ____

2. Fülle nun die Lücken Aufgabe für Aufgabe oder schreibe einen ganzen Satz mit:

   Leider kann man sich auf diese Volksweisheit nicht immer ____________________ wenn es um Menschen geht.

3. ______________________ Verhalten beginnt zwar oftmals auf verbaler Ebene, kann jedoch schnell eskalieren, wenn man nicht angemessen darauf reagiert.

4. Es ist wie das berühmte Fass, das letztendlich überläuft, ohne dass man es als ______________________________ verhindern kann.

5. Doch worin liegen eigentlich die Gründe für Aggressivität? Und welche Techniken der ______________________________ gibt es?

6. Gefühle von Ärger und __________ sind durchaus menschlich.

7. Mögliche Ursachen können Ängste, ____________________ im Beruf, Probleme in der Beziehung oder eine allgemeine Unzufriedenheit mit der aktuellen Lebenssituation sein.

8. ____

9. Und dass wir dazu neigen, diese gerade an Menschen auszulassen, ____________

____________________ ist ein weit verbreitetes Phänomen.

10. Handelt es sich dabei lediglich um __________________ wie Wortkargheit oder unwirsche Antworten, so lassen sich diese vielleicht noch als vorübergehende Stimmung tolerieren.

11. Kommt es jedoch zu lautstarken ____ so wird auch schnell die Grenze hin zu tätlichen Angriffen überschritten.

12. Den Opfern dieser ________________________________ wird es kein Trost sein, dass diese in der Regel vollkommen willkürlich erfolgen und dass die Täter damit lediglich eine tiefe Frustration zum Ausdruck bringen.

13. Vielmehr erschwert diese Tatsache noch die ______________________________.

14. Eine angemessene Reaktion auf aggressives Verhalten erfordert viel __________

____.

15. Denn während es in einigen Fällen hilft ruhig zu bleiben und beschwichtigend auf den Täter einzureden, kann diese Strategie in anderen Situationen noch zur

______________________________________.

8.2.2 Lösungen: Aggressives Verhalten im Diskurs

Aufgabe	Lösung
1.	[Hunde, die bellen, beißen nicht. / Hunde, die bellen, beissen nicht.]
2.	Leider kann man sich auf diese Volksweisheit nicht immer [verlassen,] wenn es um Menschen geht.
3.	[Aggressives] Verhalten beginnt zwar oftmals auf verbaler Ebene, kann jedoch schnell eskalieren, wenn man nicht angemessen darauf reagiert.
4.	Es ist wie das berühmte Fass, das letztendlich überläuft, ohne dass man es als [Außenstehender / Aussenstehender] verhindern kann.
5.	Doch worin liegen eigentlich die Gründe für Aggressivität? Und welche Techniken der [Beschwichtigung] gibt es?
6.	Gefühle von Ärger und [Unmut] sind durchaus menschlich.
7.	Mögliche Ursachen können Ängste, [Misserfolg] im Beruf, Probleme in der Beziehung oder eine allgemeine Unzufriedenheit mit der aktuellen Lebenssituation sein.
8.	In seiner leichtesten Ausformung wird dieser Zustand oftmals als schlechte Laune bezeichnet.
9.	Und dass wir dazu neigen, diese gerade an Menschen auszulassen, [die uns nahe stehen, / die uns nahestehen,] ist ein weit verbreitetes Phänomen.
10.	Handelt es sich dabei lediglich um [Symptome / Symptome,] wie Wortkargheit oder unwirsche Antworten, so lassen sich diese vielleicht noch als vorübergehende Stimmung tolerieren.
11.	Kommt es jedoch zu lautstarken [Auseinandersetzungen und Beleidigungen / Auseinandersetzungen und Beleidigungen,] so wird auch schnell die Grenze hin zu tätlichen Angriffen überschritten.

Lösungen der Text-Aufgaben.

Aufgabe	Lösung
12.	Den Opfern dieser [Gewaltausbrüche] wird es kein Trost sein, dass diese in der Regel vollkommen willkürlich erfolgen und dass die Täter damit lediglich eine tiefe Frustration zum Ausdruck bringen.
13.	Vielmehr erschwert diese Tatsache noch die [mentale und psychische Verarbeitung einer Gewalterfahrung.]
14.	Eine angemessene Reaktion auf aggressives Verhalten erfordert viel [[Fingerspitzengefühl und Einfühlungsvermögen.] [Fingerspitzengefühl und Einfühlungsvermögen]]
15.	Denn während es in einigen Fällen hilft ruhig zu bleiben und beschwichtigend auf den Täter einzureden, kann diese Strategie in anderen Situationen noch zur [Eskalation führen.]

Lösungen der Text-Aufgaben.

8.2.3 Test: Bevölkerung

WAS IST ZU TUN?

Scanne den QR Code, um zum Audio zu gelangen. Während du dir dieses Audio anhörst, füllst du die Lücken Aufgabe für Aufgabe aus. Pausen sind während des Übens natürlich jederzeit möglich. Die Lösung des Lückendiktats findest du am Ende der Übung.

Viel Erfolg bei dem Lückendiktat "Bevölkerung":

1. Seit zwei ____________________ Jahren leben Menschen auf der Erde.
2. Lange stieg die Bevölkerungszahl kaum an, da sich Geburten- und Sterberaten

   __________________________________.
3. In jüngster Zeit führten Fortschritte in der Medizin und in der Landwirtschaft dazu

   ____.
4. So kam es zu einem __________________________________ der Weltbevölkerung in den letzten 150 Jahren.
5. Heute leben mehr als sieben ____ auf unserem Planeten.
6. Die erste Milliarde wurde etwa Anfang des 19. ______________________________________ und stieg in knapp 200 Jahren auf 7 Milliarden an.
7. Die ____ sind China und Indien.

8. ________________ 36% der gesamten Weltbevölkerung lebt in diesen beiden Ländern.

9. Obwohl China bisher die größte Einwohnerzahl hat, ________________ die Indiens

   schneller und wird ________________________ im Jahr 2023 China als bevölkerungsreichstes Land ablösen.

10. Zu den Faktoren, die die Entwicklung der Bevölkerung ______________________,

    zählen neben der Fertilitätsrate auch die weiterhin ______________________ und die sinkende Kindersterblichkeit.

11. Bei der regionalen Verteilung sind ___________________________ wesentlich.

12. Die UNO erwartet ______________ bis zum Jahr 2050 einen ________________

    bei den über 60-jährigen von jetzt gut 10 % auf dann knapp 22 % bei ______________ des Bevölkerungsanteils der Kinder von jetzt knapp 30 % auf knapp 20 %.

8.2.4 Lösungen: Bevölkerung

Aufgabe	Lösung
1.	Seit zwei [Millionen] Jahren leben Menschen auf der Erde.
2.	Lange stieg die Bevölkerungszahl kaum an, da sich Geburten- und Sterberaten [ausglichen.]
3.	In jüngster Zeit führten Fortschritte in der Medizin und in der Landwirtschaft dazu [, dass die Kindersterblichkeit abnahm.]
4.	So kam es zu einem [raschen Anstieg] der Weltbevölkerung in den letzten 150 Jahren.
5.	Heute leben mehr als sieben [Milliarden Menschen] auf unserem Planeten.
6.	Die erste Milliarde wurde etwa Anfang des 19. [Jahrhunderts erreicht] und stieg in knapp 200 Jahren auf 7 Milliarden an.
7.	Die [Staaten mit der höchsten Bevölkerungsdichte] sind China und Indien.
8.	[Ungefähr] 36 % der gesamten Weltbevölkerung lebt in diesen beiden Ländern.
9.	Obwohl China bisher die größte Einwohnerzahl hat, [wächst] die Indiens schneller und wird [voraussichtlich] im Jahr 2023 China als bevölkerungsreichstes Land ablösen.
10.	Zu den Faktoren, die die Entwicklung der Bevölkerung [beeinflussen], zählen neben der Fertilitätsrate auch die weiterhin [steigende Lebenserwartung] und die sinkende Kindersterblichkeit.
11.	Bei der regionalen Verteilung sind [Wanderbewegungen] wesentlich.
12.	Die UNO erwartet [in Zukunft] bis zum Jahr 2050 einen [weltweiten Zuwachs] bei den über 60-jährigen von jetzt gut 10 % auf dann knapp 22 % bei [gleichzeitigem Rückgang] des Bevölkerungsanteils der Kinder von jetzt knapp 30 % auf knapp 20 %.

Lösungen der Text-Aufgaben.

8.2.5 Test: Das lange Warten

WAS IST ZU TUN?

Scanne den QR Code, um zum Audio zu gelangen. Während du dir dieses Audio anhörst, füllst du die Lücken Aufgabe für Aufgabe aus. Pausen sind während des Übens natürlich jederzeit möglich. Die Lösung des Lückendiktats findest du am Ende der Übung.

Viel Erfolg bei dem Lückendiktat "Das lange Warten":

1. Am Montag, den 26. August 2015 verkündete ______________________________ Ursula von der Leyen, dass das Standardmodell G36 ausgedient habe und durch einen Nachfolger ersetzt werden solle.

2. Zuvor war das ____ aufgrund von Präzisionsmängeln durch einige Tests gefallen.

3. Vor allem ____ die zum Alltag einiger Einsatzländern der Bundeswehr zählen, schmälerten die Präzision.

4. Eine Klage gegen den ____ für die Behörde aus.

5. Der Waffenhersteller betonte, dass das Unternehmen für den ____________________

   ____________________________ übernehmen könne.

6. Doch die ______________________ neuer Sturmgewehre stellt das Bundesverteidigungsministerium vor eine große Herausforderung.

7. Im April 2017 wurde daraufhin ein ________________________ ausgeschrieben, dessen Frist im Februar 2018 endete. Ein neues Sturmgewehr hat die Bundeswehr bis dato allerdings immer noch nicht.

8. Das Bundesamt für ________________________ der Bundeswehr gab an, dass alle Produkte anhand von Vergleichserprobungen getestet wurden.

9. ________________________ erfüllte keines der vorgestellten Produkte die vollständigen Anforderungen des Auftraggebers.

10. Doch die ________________________ ist wichtig, denn immerhin sollen 120.000 neue Sturmgewehre für rund 250 Millionen Euro angeschafft werden.

11. Nach den neuesten Angaben haben die Unternehmen bis Februar 2019 Zeit, die ________________________ und ihre Produkte für eine weitere Vergleichserprobung zur Verfügung zu stellen.

12. Umstritten ist zudem die ________________________.

13. Laut einem ________________________ seien lediglich Angebote für Gewehre mit dem Kaliber 5,56 Millimeter eingereicht worden.

14. Einige Streitkräfte benötigen jedoch ein ________________________.

15. Es bleibt ungewiss, wie lange die Bundeswehr auf neue Gewehre warten muss. Abzuwarten gilt erst einmal die ________________________.

8.2.6 Lösungen: Das lange Warten

Aufgabe	Lösung
1.	Am Montag, den 26. August 2015 verkündete [Bundesverteidigungsministerin] Ursula von der Leyen, dass das Standardmodell G36 ausgedient habe und durch einen Nachfolger ersetzt werden solle.
2.	Zuvor war das [altbewährte Standardmodell] aufgrund von Präzisionsmängeln durch einige Tests gefallen.
3.	Vor allem [hohe Außentemperaturen, / hohe Aussentemperaturen,] die zum Alltag einiger Einsatzländern der Bundeswehr zählen, schmälerten die Präzision.
4.	Eine Klage gegen den [Waffenhersteller ging mit einer Niederlage] für die Behörde aus.
5.	Der Waffenhersteller betonte, dass das Unternehmen für den [Einsatz des Gewehrs in Extremsituationen keine Gewähr] übernehmen könne.
6.	Doch die [Anschaffung] neuer Sturmgewehre stellt das Bundesverteidigungsministerium vor eine große Herausforderung.
7.	Im April 2017 wurde daraufhin ein [internationales Vergabeverfahren] ausgeschrieben, dessen Frist im Februar 2018 endete. Ein neues Sturmgewehr hat die Bundeswehr bis dato allerdings immer noch nicht.
8.	Das Bundesamt für [Ausrüstung, Informationstechnik und Nutzung] der Bundeswehr gab an, dass alle Produkte anhand von Vergleichserprobungen getestet wurden.
9.	[Wider Erwarten] erfüllte keines der vorgestellten Produkte die vollständigen Anforderungen des Auftraggebers.
10.	Doch die [Erfüllung der Auflagen] ist wichtig, denn immerhin sollen 120.000 neue Sturmgewehre für rund 250 Millionen Euro angeschafft werden.

Lösungen der Text-Aufgaben.

Aufgabe	Lösung
11.	Nach neuesten Angaben haben die Unternehmen bis Februar 2019 Zeit, die [Mängel zu beheben] und ihre Produkte für eine weitere Vergleichserprobung zur Verfügung zu stellen.
12.	Umstritten ist zudem die [Durchschlagsleistung der vorgestellten Gewehre.]
13.	Laut einem [internen Schreiben] seien lediglich Angebote für Gewehre mit dem Kaliber 5,56 Millimeter eingereicht worden.
14.	Einige Streitkräfte benötigen jedoch ein [größeres Kaliber.]
15.	Es bleibt ungewiss, wie lange die Bundeswehr auf neue Gewehre warten muss. Abzuwarten gilt erst einmal die [neue Frist Mitte Februar.]

Lösungen der Text-Aufgaben.

8.2.7 Test: Europa

WAS IST ZU TUN?

Scanne den QR Code, um zum Audio zu gelangen. Während du dir dieses Audio anhörst, füllst du die Lücken Aufgabe für Aufgabe aus. Pausen sind während des Übens natürlich jederzeit möglich. Die Lösung des Lückendiktats findest du am Ende der Übung.

Viel Erfolg bei dem Lückendiktat "Europa":

1. Europa ist der ______________________ Erdteil mit der zweitgrößten Bevölkerungszahl.
2. Von den ____________________________________ im Norden bis zu den

   trockenen Küstengebieten im ________________________ ist die Landschaft

   ___________________ gegliedert.
3. Zwischen Irland und dem Ural erstreckt sich ein ___________________ Land mit mehr als vierzig Staaten.
4. Den hohen ________________________ verdanken sie den Bodenschätzen,

   einer ____ und einer modernen Industrie.
5. Doch nicht alle Länder in Europa ___________________ von einer starken Wirtschaft.
6. Deshalb kam es immer wieder zwischen den Ländern in Europa zu __________ und Kriegen.

7. Damit es dazu nicht mehr kommt, haben viele Länder in Europa ______________

____.

8. Und so kam es im Jahr 1992 zu dem Vertrag, der die ________________________

________________________ zur sogenannten Europäischen Union vereinte.

9. Im Jahr 2002 wurde der Euro als gemeinsame _____________________________.

10. Mit der Zeit wollten und traten ____________________________________ der EU bei.

11. Im Jahr 2016 stimmte die ____

Bevölkerung für den ________________ aus der EU und vier Jahre später wurde der

Brexit ____.

12. Im Jahr 2020 setzt sich die Europäische Union also aus 27 ____________________ zusammen.

8.2.8 Lösungen: Europa

Aufgabe	Lösung
1.	Europa ist der [zweitkleinste] Erdteil mit der zweitgrößten Bevölkerungszahl.
2.	Von den [ausgedehnten Wäldern] im Norden bis zu den trockenen Küstengebieten im [Mittelmeerraum] ist die Landschaft [vielfältig] gegliedert.
3.	Zwischen Irland und dem Ural erstreckt sich ein [fruchtbares] Land mit mehr als vierzig Staaten.
4.	Den hohen [Lebensstandard] verdanken sie den Bodenschätzen, einer [erfolgreichen Landwirtschaft] und einer modernen Industrie.
5.	Doch nicht alle Länder in Europa [profitieren] von einer starken Wirtschaft.
6.	Deshalb kam es immer wieder zwischen den Ländern in Europa zu [Streit] und Kriegen.
7.	Damit es dazu nicht mehr kommt, haben viele Länder in Europa [beschlossen, zusammenzuarbeiten.]
8.	Und so kam es im Jahr 1992 zu dem Vertrag, der die [einzelnen Gemeinschaften] zur sogenannten Europäischen Union vereinte.
9.	Im Jahr 2002 wurde der Euro als gemeinsame [Währung eingeführt.]
10.	Mit der Zeit wollten und traten [immer mehr Länder] der EU bei.
11.	Im Jahr 2016 stimmte die [Mehrheit der britischen] Bevölkerung für den [Austritt] aus der EU und vier Jahre später wurde der Brexit [tatsächlich vollzogen.]
12.	Im Jahr 2020 setzt sich die Europäische Union also aus 27 [Mitgliedstaaten / Mitgliedsstaaten] zusammen.

Lösungen der Text-Aufgaben.

8.2.9 Test: Jungen Straftätern eine Chance geben

WAS IST ZU TUN?

Scanne den QR Code, um zum Audio zu gelangen. Während du dir dieses Audio anhörst, füllst du die Lücken Aufgabe für Aufgabe aus. Pausen sind während des Übens natürlich jederzeit möglich. Die Lösung des Lückendiktats findest du am Ende der Übung.

Viel Erfolg bei dem Lückendiktat "Jungen Straftätern eine Chance geben":

1. Wenn es um das ______________________________ geht, dann scheiden sich die Geister.

2. Handelt es sich dabei nun um Kunst oder um ____________________________?

3. Die Besitzer der _______________, die mit den ______________________________ Jugendlicher versehen werden, brauchen in der Regel nicht lange, um diese Frage zu beantworten.

4. Für sie ist der Fall klar. ____ welches man nicht einfach ungestraft durchgehen lassen kann.

5. Von den _______________________________ wird entsprechend erwartet, dass sie

   ihre Arbeit tun, die Schuldigen finden und zur __________________________ ziehen.

6. Doch was bewegt junge Menschen eigentlich dazu, _______________________ zu besprühen?

7. Die ____ die diese Form gewählt haben, um sich auszudrücken, ist unterschiedlich.

8. Während einige keinen anderen Weg sehen, um ihre Ideen auch einem __________ ____ zu machen, überwiegt für andere der ________________________________.

9. Grenzen zu überschreiten und auf diese Weise gegen überkommene Regeln zu protestieren, sind ____.

10. Wenn dabei jedoch andere Menschen oder ______________________________, dann hört der Spaß auf.

11. Viele ____ sehen in dem Phänomen eine ______________________ der Pubertät, in welcher Jugendliche lernen müssen, sich mit sich selbst und ihrer Umwelt ______________________, um ihren eigenen Weg zu finden.

12. Für sie liegen die Ursachen für dieses Verhalten im ___________________ und in der Gesellschaft.

13. Sie raten dazu, ___________________ gewordenen Jugendlichen die Möglichkeit zu geben, sich beispielsweise im Rahmen eines Straßenkunst-Projektes auf ______ _________________ kreativ auszuleben.

8.2.10 Lösungen: Jungen Straftätern eine Chance geben

Aufgabe	Lösung
1.	Wenn es um das [Thema Graffiti] geht, dann scheiden sich die Geister.
2.	Handelt es sich dabei nun um Kunst oder um [Vandalismus] ?
3.	Die Besitzer der [Objekte] , die mit den [kreativen Exzessen] Jugendlicher versehen werden, brauchen in der Regel nicht lange, um diese Frage zu beantworten.
4.	Für sie ist der Fall klar. [Sachbeschädigung ist ein Delikt,] welches man nicht einfach ungestraft durchgehen lassen kann.
5.	Von den [Ordnungshütern] wird entsprechend erwartet, dass sie ihre Arbeit tun, die Schuldigen finden und zur [Rechenschaft] ziehen.
6.	Doch was bewegt junge Menschen eigentlich dazu, [Hauswände] zu besprühen?
7.	Die [Motivation der Jugendlichen,] die diese Form gewählt haben, um sich auszudrücken, ist unterschiedlich.
8.	Während einige keinen anderen Weg sehen, um ihre Ideen auch einem [größeren Publikum zugänglich / grösseren Publikum zugänglich] zu machen, überwiegt für andere der [Reiz des Verbotenen] .
9.	Grenzen zu überschreiten und auf diese Weise gegen überkommene Regeln zu protestieren, sind [Grundaspekte von Demonstrationen.]
10.	Wenn dabei jedoch andere Menschen oder [ihr Eigentum zu Schaden kommen] , dann hört der Spaß auf.
11.	Viele [Pädagogen und Psychologen] sehen in dem Phänomen eine [extreme Form] der Pubertät, in welcher Jugendliche lernen müssen, sich mit sich selbst und ihrer Umwelt [auseinanderzusetzen] , um ihren eigenen Weg zu finden.

Lösungen der Text-Aufgaben.

Aufgabe	Lösung
12.	Für sie liegen die Ursachen für dieses Verhalten im [Elternhaus] und in der Gesellschaft.
13.	Sie raten dazu, [auffällig] gewordenen Jugendlichen die Möglichkeit zu geben, sich beispielsweise im Rahmen eines Straßenkunst-Projektes auf [legale Weise] kreativ auszuleben.

Lösungen der Text-Aufgaben.

8.2.11 Test: Wirbelstürme

WAS IST ZU TUN?

Scanne den QR Code, um zum Audio zu gelangen. Während du dir dieses Audio anhörst, füllst du die Lücken Aufgabe für Aufgabe aus. Pausen sind während des Übens natürlich jederzeit möglich. Die Lösung des Lückendiktats findest du am Ende der Übung.

Viel Erfolg bei dem Lückendiktat "Wirbelstürme":

1. Wirbelstürme kommen über ____________ Meeren vor.
2. Sie bilden sich meistens im Sommer und entstehen ____________ in warmen Meeresregionen, den Tropen und ____________.
3. Warmes Wasser ____________ und steigt mit feuchter Luft um einen ruhigen Bereich ____________ auf.
4. Kalte Luft wird in ____________ gezogen, wo sie die warme Luft ____________ und dem Sturm neue ____________ gibt.
5. Durch die Corioliskraft, die entsteht, weil sich die Erde langsam um die ____________ dreht, wird die aufsteigende Luft ____________.
6. So entsteht ein Wirbel, der sich ____________ vergrößert.
7. Die Wörter Zyklon, Hurrikan und Taifun bezeichnen im ____________ dasselbe.

8. Alle drei Wirbelstürme entstehen über dem Ozean und ____________________ ________________________________ in der Region, in der sie vorkommen.

9. Ein Wirbelsturm über dem ____________________, also zwischen Europa und Amerika, wird Hurrikan genannt.

10. Über dem Indischen Ozean entstehen sogenannte Zyklone und ______________ ______________________ Asiens entsteht ein Taifun.

11. Tornados und ______________________________ bilden sich auf dem Land.

12. Sie bestehen im Vergleich zu den anderen nicht aus feuchter Luft und entwickeln sich aus ____.

13. Leider können Wirbelstürme nicht __________________ werden.

14. Menschen können jedoch ____________________________________.

15. __________________________ machen die globale Erderwärmung dafür verantwortlich.

16. Des Weiteren führt eine ____ dazu, dass viele Menschen einer ____________________________ zum Opfer fallen.

8.2.12 Lösungen: Wirbelstürme

Aufgabe	Lösung
1.	Wirbelstürme kommen über [tropischen] Meeren vor.
2.	Sie bilden sich meistens im Sommer und entstehen [regelmäßig / regelmässig] in warmen Meeresregionen, den Tropen und [Subtropen / Subtropen.]
3.	Warmes Wasser [verdunstet schnell] und steigt mit feuchter Luft um einen ruhigen Bereich [spiralförmig] auf.
4.	Kalte Luft wird in [das Zentrum] gezogen, wo sie die warme Luft [ersetzt] und dem Sturm neue [Nahrung] gibt.
5.	Durch die Corioliskraft, die entsteht, weil sich die Erde langsam um die [eigene Achse] dreht, wird die aufsteigende Luft [zusätzlich in Drehung versetzt].
6.	So entsteht ein Wirbel, der sich [ständig] vergrößert.
7.	Die Wörter Zyklon, Hurrikan und Taifun bezeichnen im [Grunde] dasselbe.
8.	Alle drei Wirbelstürme entstehen über dem Ozean und [unterscheiden sich lediglich] in der Region, in der sie vorkommen.
9.	Ein Wirbelsturm über dem [Nordatlantik], also zwischen Europa und Amerika, wird Hurrikan genannt.
10.	Über dem Indischen Ozean entstehen sogenannte Zyklone und [im Pazifischen Ozean] Asiens entsteht ein Taifun.
11.	Tornados und [Windhosen hingegen] bilden sich auf dem Land.
12.	Sie bestehen im Vergleich zu den anderen nicht aus feuchter Luft und entwickeln sich aus [instabilen Gewitterwolken.]
13.	Leider können Wirbelstürme nicht [verhindert] werden.

Lösungen der Text-Aufgaben.

Aufgabe	Lösung
14.	Menschen können jedoch [die Stärke minimieren.]
15.	[Wissenschaftler] machen die globale Erderwärmung dafür verantwortlich.
16.	Des Weiteren führt eine [enge Besiedlung an Küsten und Landstrichen] dazu, dass viele Menschen einer [Naturkatastrophe] zum Opfer fallen.

Lösungen der Text-Aufgaben.

8.2.13 Test: Faszination Fußball

WAS IST ZU TUN?

Scanne den QR Code, um zum Audio zu gelangen. Während du dir dieses Audio anhörst, füllst du die Lücken Aufgabe für Aufgabe aus. Pausen sind während des Übens natürlich jederzeit möglich. Die Lösung des Lückendiktats findest du am Ende der Übung.

Viel Erfolg bei dem Lückendiktat "Faszination Fußball":

1. ____.
2. Die Wiege des Fußballs ist jedoch nicht in Deutschland, sondern in ____________ ____________ zu suchen.
3. Gegen Ende des 19. Jahrhunderts fand der ____________________ jedoch auch seinen Weg nach Deutschland.
4. Fußball war in seinen Anfängen jedoch der gehobenen ____________________ vorbehalten, so wie es heute mit Tennis und Golfsport vergleichbar ist.
5. Die Fußballspieler der damaligen Zeit orientierten sich vor allem an deutschen ________ ____________ und englischen Internaten.
6. Entsprechend nannten sie ihre Vereine Borussia oder Alemannia und waren von Beruf Maler, höhere ____________________ oder sogar Dichter, wie etwa Hermann Löns aus der Lüneburger Heide.

7. Erst im Jahr 1908 wurden auch Schiffsjungen von der deutschen Kriegsmarine zum ______________________________ zugelassen.

8. Man erkannte jedoch schnell, dass Fußball als ______________________________ den Zusammenhalt einer Gruppe stärken konnte, sodass dieser Sport nach und nach auch Rekruten aus den ______________________________ beigebracht wurde.

9. In den 1930er Jahren stammte etwa ein ______________________________ ______________________________.

10. Große Beachtung und Beliebtheit durch alle ______________________________ hindurch fand der Fußball spätestens mit dem Finalsieg der Fußballnationalmannschaft gegen die ______________________________ Mannschaft aus Ungarn im Jahr 1954 beim ______________________________ "Wunder von Bern".

11. Heutzutage ist Fußball ein Sport, der Alt und Jung, sowie ______________________________ ______________________________.

12. Dies macht sich unter anderem an den stetig steigenden ______________________________ bei Spielen der ersten und Zweiten Fußballbundesliga in Deutschland bemerkbar.

13. Doch auch in Südamerika oder in Asien gewinnt der Fußballsport immer mehr an ______________________________.

14. Entsprechend sind Fußballweltmeisterschaften gemeinsam mit den Olympischen Spielen heutzutage die am meisten ______________________________ überhaupt.

8.2.14 Lösungen: Faszination Fußball

Aufgabe	Lösung
1.	[Fußball ist eine Sportart, die heutzutage ganze Arenen füllen kann. / Fussball ist eine Sportart, die heutzutage ganze Arenen füllen kann.]
2.	Die Wiege des Fußballs ist jedoch nicht in Deutschland, sondern in [Großbritannien / Grossbritannien] zu suchen.
3.	Gegen Ende des 19. Jahrhunderts fand der [Fußballsport / Fussballsport] jedoch auch seinen Weg nach Deutschland.
4.	Fußball war in seinen Anfängen jedoch der gehobenen [Gesellschaftsschicht] vorbehalten, so wie es heute mit Tennis und Golfsport vergleichbar ist.
5.	Die Fußballspieler der damaligen Zeit orientierten sich vor allem an deutschen [Burschenschaften] und englischen Internaten.
6.	Entsprechend nannten sie ihre Vereine Borussia oder Alemannia und waren von Beruf Maler, höhere [Verwaltungsbürokraten, Offiziere, Juristen, Opernsänger] oder sogar Dichter, wie etwa Hermann Löns aus der Lüneburger Heide.
7.	Erst im Jahr 1908 wurden auch Schiffsjungen von der deutschen Kriegsmarine zum [Fußballspielen / Fussballspielen] zugelassen.
8.	Man erkannte jedoch schnell, dass Fußball als [Mannschaftssport] den Zusammenhalt einer Gruppe stärken konnte, sodass dieser Sport nach und nach auch Rekruten aus den [weniger angesehenen Kreisen] beigebracht wurde.
9.	In den 1930er Jahren stammte etwa ein [Drittel der Fußballnationalspieler Deutschlands aus Arbeiterfamilien. / Drittel der Fussballnationalspieler Deutschlands aus Arbeiterfamilien.]

Lösungen der Text-Aufgaben.

Aufgabe	Lösung
10.	Große Beachtung und Beliebtheit durch alle [Bevölkerungsschichten] hindurch fand der Fußball spätestens mit dem Finalsieg der Fußballnationalmannschaft gegen die [favorisierte] Mannschaft aus Ungarn im Jahr 1954 beim [legendären] "Wunder von Bern".
11.	Heutzutage ist Fußball ein Sport, der Alt und Jung, sowie [Arm und Reich gleichermaßen faszinieren kann. / Arm und Reich gleichermassen faszinieren kann.]
12.	Dies macht sich unter anderem an den stetig steigenden [Zuschauerzahlen] bei Spielen der ersten und Zweiten Fußballbundesliga in Deutschland bemerkbar.
13.	Doch auch in Südamerika oder Asien gewinnt der Fußballsport immer mehr an [Beliebtheit.]
14.	Entsprechend sind Fußballweltmeisterschaften gemeinsam mit den Olympischen Spielen heutzutage die am meisten [beachteten Sportereignisse] überhaupt.

Lösungen der Text-Aufgaben.

8.3 Grammatik

8.3.1 Test: Deutsche Rechtschreibung

Im Folgenden wird deine Rechtschreibung geprüft. Markiere das Wort mit der richtigen Schreibweise.

1. Welches Wort ist korrekt geschrieben?

- ◯ a) brillant
- ◯ b) brilant
- ◯ c) brilliant
- ◯ d) briliant
- ◯ e) brilland

2. Welches Wort ist korrekt geschrieben?

- ◯ a) Delegierte
- ◯ b) Delegierde
- ◯ c) Delegiertä
- ◯ d) Dellegierte
- ◯ e) Dälegierte

3. Welches Wort ist korrekt geschrieben?

- ◯ a) Entgelt
- ◯ b) Entgeld
- ◯ c) Endgelt
- ◯ d) Enttgelt
- ◯ e) Entgellt

4. Welches Wort ist korrekt geschrieben?

◯ a) Geiselnamme

◯ b) Geißelnahme

◯ c) Geisselnahme

◯ d) Geiselnahme

◯ e) Geisellnahme

5. Welches Wort ist korrekt geschrieben?

◯ a) Konnkurrenz

◯ b) Konkurrenz

◯ c) Konkurrents

◯ d) Konkurenz

◯ e) Konkurrens

6. Welches Wort ist korrekt geschrieben?

◯ a) Karusel

◯ b) Karusell

◯ c) Karussell

◯ d) Karussel

◯ e) Karussäll

7. Welches Wort ist korrekt geschrieben?

◯ a) Lappallje

◯ b) Lappalje

◯ c) Lappaliä

◯ d) Lapalie

◯ e) Lappalie

8. Welches Wort ist korrekt geschrieben?

- ◯ a) Loser
- ◯ b) Looser
- ◯ c) Luser
- ◯ d) Lusser
- ◯ e) Loserr

9. Welches Wort ist korrekt geschrieben?

- ◯ a) Mandarinne
- ◯ b) Mandarrine
- ◯ c) Mandarinie
- ◯ d) Mandariene
- ◯ e) Mandarine

10. Welches Wort ist korrekt geschrieben?

- ◯ a) Paket
- ◯ b) Pakett
- ◯ c) Packet
- ◯ d) Pakät
- ◯ e) Packätt

11. Welches Wort ist korrekt geschrieben?

- ◯ a) Portemonaie
- ◯ b) Portemonnaie
- ◯ c) Portemonnei
- ◯ d) Portmonnei
- ◯ e) Portmonnaie

12. Welches Wort ist korrekt geschrieben?

- ◯ a) Terrasse
- ◯ b) Terasse
- ◯ c) Terrase
- ◯ d) Terase
- ◯ e) Terrasseh

13. Welches Wort ist korrekt geschrieben?

- ◯ a) Verwandschaft
- ◯ b) Verwantschaft
- ◯ c) Verwandtschaft
- ◯ d) Verwandtschafft
- ◯ e) Verwandtschafd

14. Welches Wort ist korrekt geschrieben?

- ◯ a) Aggression
- ◯ b) Agression
- ◯ c) Aggresion
- ◯ d) Agresion
- ◯ e) Agrression

15. Welches Wort ist korrekt geschrieben?

- ◯ a) Barzahllung
- ◯ b) Barrzahlung
- ◯ c) Barzalung
- ◯ d) Bahrzahlung
- ◯ e) Barzahlung

16. Welches Wort ist korrekt geschrieben?

◯ a) diskrimimieren

◯ b) diskriminieren

◯ c) diskriminierem

◯ d) disskriminieren

◯ e) diskriminiren

17. Welches Wort ist korrekt geschrieben?

◯ a) Atmossphäre

◯ b) Atmosfäre

◯ c) Atmospherä

◯ d) Atmosphäre

◯ e) Atmosphere

18. Welches Wort ist korrekt geschrieben?

◯ a) Jackett

◯ b) Jakett

◯ c) Jacket

◯ d) Jacked

◯ e) Jakkett

19. Welches Wort ist korrekt geschrieben?

◯ a) ekszellent

◯ b) exzelent

◯ c) exzellent

◯ d) ekzellent

◯ e) ekszellend

20. Welches Wort ist korrekt geschrieben?

- ◯ a) nämlish
- ◯ b) nämlisch
- ◯ c) nemlich
- ◯ d) nämlich
- ◯ e) nähmlich

21. Welches Wort ist korrekt geschrieben?

- ◯ a) Commidment
- ◯ b) Comitmment
- ◯ c) Commitmend
- ◯ d) Commitment
- ◯ e) Comitment

22. Welches Wort ist korrekt geschrieben?

- ◯ a) anullieren
- ◯ b) annulieren
- ◯ c) annullieren
- ◯ d) annulliren
- ◯ e) anulieren

23. Welches Wort ist korrekt geschrieben?

- ◯ a) Kernspinntomografie
- ◯ b) Kernspintommografie
- ◯ c) Kernspintomografi
- ◯ d) Kernspintomografie
- ◯ e) Kernspinntommografie

24. Welches Wort ist korrekt geschrieben?

- ○ a) Kommilitone
- ○ b) Komilitone
- ○ c) Kommilietone
- ○ d) Komilietone
- ○ e) Kommlitone

8.3.2 Lösungen: Deutsche Rechtschreibung

Aufgabe	Lösung	Aufgabe	Lösung	Aufgabe	Lösung
1.	a)	2.	a)	3.	a)
4.	d)	5.	b)	6.	c)
7.	e)	8.	a)	9.	e)
10.	a)	11.	b)	12.	a)
13.	c)	14.	a)	15.	e)
16.	b)	17.	d)	18.	a)
19.	c)	20.	d)	21.	d)
22.	c)	23.	d)	24.	a)

Lösungen der Auswahl-Fragen.

8.3.3 Test: Getrennt- und Zusammenschreibung

Wörter können (auf für uns relevante Weise zumindest) als **Wortgruppen** oder als **Zusammensetzungen** miteinander verbunden werden. Bei Wortgruppen ist die eigenständige Bedeutung der Wörter im Vordergrund, während sie bei Zusammensetzungen in den Hintergrund rückt.

Wortgruppen werden getrennt geschrieben und **Zusammensetzungen** schreibt man zusammen. Doch es ist nicht immer leicht zu erkennen, ob es sich um eine Wortgruppe oder um eine Zusammensetzung handelt. Manchmal sind allerdings auch beide Schreibweisen korrekt.
Beispiel: zuhause/zu Hause, aufgrund/auf Grund

Hier sind **fünf Faustregeln**, die eine erste Einschätzung erlauben:
Es wird zusammengeschrieben, wenn ...

- durch das Zusammensetzen eine neue Gesamtbedeutung entsteht (Beispiel: sicherstellen, krankschreiben, schwertun)
- die Bestandteile so verändert sind, dass Wortart, Wortform oder Bedeutung nicht mehr erkennbar sind (Beispiel: nachtsüber, beizeiten, bestenfalls, derart)
- einer der Bestandteile nicht selbstständig vorkommt (Beispiel: großmütig, blauäugig, vieldeutig)
- der erste Bestandteil bedeutungsverstärkend oder bedeutungsabschwächend ist (Beispiel: brandgefährlich, bitterböse, minderwertig, superschnell, extraklein)
- es sich um gleichrangige Adjektive handelt (Beispiel: nasskalt, feuchtwarm, blaugrün, taubstumm)

Besondere Regeln zu den Wortarten

Verbindungen zwischen **gleichrangigen Verben** werden getrennt geschrieben:

- laufen gehen
- lesen lernen

Verbindungen aus **Verb und Partizip** (geschenkt, gefangen, gelernt etc..) werden ebenfalls getrennt geschrieben:

- Der Kommissar konnte den Tatverdächtigen gefangen nehmen.
- Der Schüler konnte nicht versetzt werden.

Entsteht eine neue Gesamtbedeutung durch das Zusammensetzen, wird zusammengeschrieben: zusammenziehen (man zieht zusammen in eine Wohnung/ein Haus ein) im Gegensatz zu: zusammen ziehen (buchstäblich gemeinsam an etwas ziehen); Zusammenrechnen (addieren) im Gegensatz zu: zusammen rechnen (gemeinsam dem Akt des Rechnens nachgehen); wiederbekommen (zurückerhalten) – wieder bekommen (erneut erhalten), wiederkehren

Verbindungen aus **Substantiv und Verb** werden getrennt geschrieben:

- Ich wollte Auto fahren. Sie konnte Rad fahren. Er mag Fußball spielen. Du sollst keine Angst haben.
- Aber: das Radfahren, das Fußballspielen. (Das) Radfahren birgt viele Gefahren. Trotz des Fußballspielens ist er unsportlich.
- Aber: wenn die Bedeutung des Substantivs verblasst, schreibt man es zusammen: Etwas preisgeben. Er schlafwandelt. Wir mussten notlanden. An etwas teilnehmen.

Adjektive/Partizipien

Verbindungen **gleichrangiger Adjektive** werden zusammengeschrieben. (Im Gegensatz zu der Regel bei Verben, wo gleichrangige Verben getrennt geschrieben werden!)

- grünblau
- feuchtwarm
- nasskalt

Ist ein **Fugenelement** vorhanden (z.B. ein "s"), wird zusammengeschrieben.

- alter**s**schwach
- leben**s**müde
- verhalten**s**auffällig

Verbindungen aus **Adjektiv und Partizip**, bei denen der erste Bestandteil das adjektivische Partizip ist, werden getrennt geschrieben.

- strahlend weiß
- kochend heiß
- überraschend stark

Verbindungen aus **Adjektiv und Verb** können getrennt oder zusammengeschrieben werden.

- kleinschneiden / klein schneiden
- warmmachen / warm machen
- kaputtmachen / kaputt machen

Verbindungen aus **Adjektiv und Verb** werden jedoch getrennt geschrieben, wenn das Adjektiv gesteigert oder durch "sehr" oder "ganz" erweitert ist.

- kleinschneiden / klein schneiden, aber nur: kleiner schneiden
- gerngesehen / gern gesehen, aber nur: sehr gern gesehen

Substantive
Verbindungen **mehrerer Substantive** werden zusammengeschrieben.

- Internetmodem
- Bierflasche
- Bücherwurm

Verbindungen mit **bleiben und lernen** können getrennt oder zusammengeschrieben werden.

- sitzenbleiben / sitzen bleiben
- kennenlernen / kennen lernen
- bestehenbleiben / bestehen bleiben

Verbindungen aus **Partizip und Partizip** können getrennt oder zusammengeschrieben werden.

- gefangengenommen
- getrenntlebend
- gefangengehalten

Häufig lässt die **Betonung** Aufschluss darüber zu, ob getrennt oder zusammengeschrieben wird.

Beispiele:

- aneinanderfügen, aber: aneinander vorbeigehen
- ineinanderfließen
- zusammenziehen

Zahlen **unter einer Million** werden zusammengeschrieben.

- sechsunddreißigtausendvierhundert
- zweiundzwanzig
- **einmal, zweimal, dreimal, viermal**

Test: Getrennt- und Zusammenschreibung

Im Folgenden wird dein Wissen zur Zusammen- und Getrenntschreibung im Bereich Grammatik geprüft.

Dabei musst du wissen, ob ein Wort zusammen oder getrennt geschrieben wird.

1. Der Beamte konnte den Tatverdächtigen ...

   ☐ a) gefangen nehmen.

   ☐ b) gefangennehmen.

2. Mein Name wird ...

   ☐ a) getrennt geschrieben.

   ☐ b) getrenntgeschrieben.

3. "Irgendjemand" wird ...

   ☐ a) zusammengeschrieben.

   ☐ b) zusammen geschrieben.

4. Anna und Alex werden bald ...

   ☐ a) zusammenziehen.

   ☐ b) zusammen ziehen.

5. Wenn wir an diesem Seil ... , schaffen wir es.

   ☐ a) zusammen ziehen

   ☐ b) zusammenziehen

6. Ich habe es dir schon ... gesagt.

   ☐ a) zwanzigmal

   ☐ b) zwanzig Mal

7. Man kann mehrere Wörter ...

☐ a) aneinanderfügen.

☐ b) aneinander fügen.

8. Der Typ muss ja ... sein!

☐ a) lebensmüde

☐ b) Lebens müde

9. Das Flugzeug musste ...

☐ a) notlanden.

☐ b) Not landen.

10. Das ... ist gefährlich.

☐ a) Radfahren

☐ b) Rad fahren

11. Die ... Geisel konnte befreit werden.

☐ a) gefangengehaltene

☐ b) gefangen gehaltene

☐ c) beide Schreibweisen

12. 36.400 schreibt man ...

☐ a) sechsunddreißigtausendvierhundert.

☐ b) sechs und dreißig Tausend-Vierhundert.

13. Wie lautet die korrekte Schreibweise?

☐ a) ineinanderfließen

☐ b) in einander fließen

8.3.4 Lösungen: Getrennt- und Zusammenschreibung

Aufgabe	Lösung	Aufgabe	Lösung	Aufgabe	Lösung
1.	a)	2.	a)	3.	a)
4.	a)	5.	a)	6.	a)
7.	a)	8.	a)	9.	a)
10.	a)	11.	c)	12.	a)
13.	a)				

Lösungen der Auswahl-Fragen.

8.3.5 Test: Groß- und Kleinschreibung 1

Teste dein Wissen zur Groß- und Kleinschreibung.

Dir werden zwei Sätze gezeigt, in denen sich je ein Wort in der Groß/Kleinschreibung unterscheidet. Wähle den korrekten Satz.

Beispiel: Welcher Satz ist korrekt?

1. Dieses Jahr will sich **Simone** bei Plakos bewerben.
2. Dieses Jahr will sich **simone** bei Plakos bewerben.

Lösung: In diesem Fall ist Antwort 1 richtig, da Simone ein Name ist und diese groß geschrieben werden.

1. Welcher Satz ist korrekt?

   ☐ a) Die Testperson wählt am häufigsten Antwort A.

   ☐ b) Die Testperson wählt am Häufigsten Antwort A.

2. Welcher Satz ist korrekt?

   ☐ a) Jonas hat sich beim Laufen den Fuß gebrochen.

   ☐ b) Jonas hat sich beim laufen den Fuß gebrochen.

3. Welcher Satz ist korrekt?

   ☐ a) Das Haus ist besonders Gemütlich eingerichtet.

   ☐ b) Das Haus ist besonders gemütlich eingerichtet.

4. Welcher Satz ist korrekt?

   ☐ a) Folgendes ist zu beachten: Alle Dokumente müssen fristgerecht eingereicht werden.

   ☐ b) Folgendes ist zu beachten: alle Dokumente müssen fristgerecht eingereicht werden.

5. Welcher Satz ist korrekt?

   ☐ a) Lieber Christian, vielen Dank für Deine Rückmeldung.

   ☐ b) Lieber Christian, Vielen Dank für Deine Rückmeldung.

6. Was ist korrekt?

☐ a) Der indische Ozean.

☐ b) Der Indische Ozean.

7. Welcher Satz ist korrekt?

☐ a) Die Henne legte heute morgen fünf Eier.

☐ b) Die Henne legte heute Morgen fünf Eier.

8. Welcher Satz ist korrekt?

☐ a) Die Mitarbeiter sind Morgens besonders produktiv.

☐ b) Die Mitarbeiter sind morgens besonders produktiv.

9. Welcher Satz ist korrekt?

☐ a) Sie hatte alles verloren: Den Hof, das Auto und die Kühe.

☐ b) Sie hatte alles verloren: den Hof, das Auto und die Kühe.

10. Welcher Satz ist korrekt?

☐ a) Auch noch fünf Straßen weiter war sein Jubeln zu hören.

☐ b) Auch noch fünf Straßen weiter war sein jubeln zu hören.

11. Welcher Satz ist korrekt?

☐ a) Er glaubte an das Gute in ihr.

☐ b) Er glaubte an das gute in ihr.

12. Welcher Satz ist korrekt?

☐ a) Ihnen fällt es schwer sich auf Deutsch auszudrücken.

☐ b) Ihnen fällt es schwer sich auf deutsch auszudrücken.

13. Welcher Satz ist korrekt?

☐ a) Der Läufer mit der Startnummer 625 lief als fünfter ins Ziel.

☐ b) Der Läufer mit der Startnummer 625 lief als Fünfter ins Ziel.

14. Welcher Satz ist korrekt?

☐ a) Ich spreche deutsch und englisch.

☐ b) Ich spreche Deutsch und Englisch.

15. Welcher Satz ist korrekt?

☐ a) Sie war die beste aller Tänzerinnen.

☐ b) Sie war die Beste aller Tänzerinnen.

16. Was ist korrekt?

☐ a) Vielen Dank im voraus.

☐ b) Vielen Dank im Voraus.

17. Welcher Satz ist korrekt?

☐ a) Einer der beiden musste das Zimmer verlassen.

☐ b) Einer der Beiden musste das Zimmer verlassen.

18. Was ist korrekt?

☐ a) Es tut mir leid.

☐ b) Es tut mir Leid.

19. Welcher Satz ist korrekt?

☐ a) Er muss immer recht haben.

☐ b) Er muss immer Recht haben.

20. Welcher Satz ist korrekt?

☐ a) Morgen lesen wir Kapitel neun.

☐ b) Morgen lesen wir Kapitel Neun.

8.3.6 Lösungen: Groß- und Kleinschreibung 1

Aufgabe	Lösung	Aufgabe	Lösung	Aufgabe	Lösung
1.	a)	2.	a)	3.	b)
4.	a)	5.	a)	6.	b)
7.	b)	8.	b)	9.	b)
10.	a)	11.	a)	12.	a)
13.	b)	14.	a), b)	15.	a)
16.	b)	17.	a)	18.	a)
19.	a), b)	20.	a)		

Lösungen der Auswahl-Fragen.

8.3.7 Test: Groß- und Kleinschreibung 2

Teste hier dein Wissen zur Groß- und Kleinschreibung.

Dir wird ein Lückensatz gezeigt. Nun musst du die richtige Schreibweise wählen, um diese Lücke zu füllen.

Beispiel: Dies ist ein Beispiel der ...

1. Plakos Akademie.
2. plakos Akademie.

Lösung: In diesem Fall ist Antwort 1 richtig, da Plakos ein Name ist und diese groß geschrieben werden.

1. Beim ... habe ich mich verletzt.

   ◯ a) ...Laufen...

   ◯ b) ...laufen...

2. An ein ... war nicht zu denken.

   ◯ a) ...Weglaufen...

   ◯ b) ...weglaufen...

3. Mathe ist das ...

   ◯ a) ...schönste.

   ◯ b) ...Schönste.

4. Ein ... Auto habe ich mir gewünscht.

   ◯ a) ...grünes...

   ◯ b) ...Grünes...

5. Ein ... habe ich mir gewünscht.

   ◯ a) ...Grünes...

   ◯ b) ...grünes...

6. Es gibt montags immer wenig …
   - ◯ a) …Neues.
   - ◯ b) …neues.
7. … sollte man begrüßen.
   - ◯ a) Altes und Neues…
   - ◯ b) Altes und neues…
8. Die Ausbildung hatte viel …
   - ◯ a) …schönes.
   - ◯ b) …Schönes.
9. … gehen wir jetzt nach Hause.
   - ◯ a) Am besten…
   - ◯ b) Am Besten…
10. Wir treffen uns …
    - ◯ a) …morgen Mittag.
    - ◯ b) …morgen mittag.
    - ◯ c) …Morgen mittag.
    - ◯ d) …Morgen Mittag.
11. Meistens bin ich … sehr müde.
    - ◯ a) …abends…
    - ◯ b) …Abends…
12. Um Gottes …
    - ◯ a) …willen.
    - ◯ b) …Willen.

13. Du bist ... daran!

◯ a) ...schuld...

◯ b) ...Schuld...

14. Er genießt das ...

◯ a) ...Auf-der-faulen-Haut-Liegen.

◯ b) ...auf-der-faulen-Haut-liegen.

15. Es waren mal wieder die ... Verdächtigen.

◯ a) ...üblichen...

◯ b) ...Üblichen...

16. Es sind mal wieder die ...

◯ a) ...Üblichen.

◯ b) ...üblichen.

17. ... zufrieden mit eurem Urlaubsziel?

◯ a) Seid ihr...

◯ b) Seit ihr...

18. Du kannst mich ... anrufen, wenn du mich brauchst.

◯ a) ...jederzeit...

◯ b) ...jeder Zeit...

19. Wer erfolgreich ... will, sollte sich gut überlegen an wen er welche Aufgaben abgibt.

◯ a) ...delegieren...

◯ b) ...deligieren...

◯ c) ...diligieren...

20. Ich bin immer noch ...

- ◯ a) ...der selbe.
- ◯ b) ...derselbe.
- ◯ c) ...der Selbe.

8.3.8 Lösungen: Groß- und Kleinschreibung 2

Aufgabe	Lösung	Aufgabe	Lösung	Aufgabe	Lösung
1.	a)	2.	a)	3.	b)
4.	a)	5.	a)	6.	a)
7.	a)	8.	b)	9.	a)
10.	a)	11.	a)	12.	a)
13.	a)	14.	a)	15.	a)
16.	a)	17.	a)	18.	a)
19.	a)	20.	b)		

Lösungen der Auswahl-Fragen.

8.3.9 Test: Groß- und Kleinschreibung 3

Teste dein Wissen zur Groß- und Kleinschreibung.

Dir werden zwei Sätze gezeigt, in denen sich je ein Wort in der Groß/Kleinschreibung unterscheidet. Wähle den korrekten Satz.

Beispiel: Welcher Satz ist korrekt?

1. Dieses Jahr will sich **Simone** beim Zoll bewerben.
2. Dieses Jahr will sich **simone** beim Zoll bewerben.

Lösung: In diesem Fall ist Antwort 1 richtig, da Simone ein Name ist und diese groß geschrieben werden.

1. Markiere den Satz mit der korrekten Schreibweise.

   ○ a) Ich stimme dir im Allgemeinen zu.

   ○ b) Ich stimme Dir im allgemeinen zu.

   ○ c) Ich Stimme dir im Allgemeinen zu.

   ○ d) Ich stimme Dir im Allgemeinen zu.

2. Markiere den Satz mit der korrekten Schreibweise.

   ○ a) Am Dienstag nachmittag können wir uns treffen.

   ○ b) Am dienstag Nachmittag können wir uns treffen.

   ○ c) Am Dienstagnachmittag können wir uns treffen.

   ○ d) Am Dienstag Nachmittag können wir uns Treffen.

3. Markiere den Satz mit der korrekten Schreibweise.

   ○ a) Im Folgenden Abschnitt wird das ganze nochmals erklärt.

   ○ b) Im folgenden Abschnitt wird das Ganze nochmals erklärt.

   ○ c) Im folgenden abschnitt wird das Ganze nochmals erklärt.

   ○ d) Im folgenden Abschnitt wird das ganze nochmals Erklärt.

4. Markiere den Satz mit der korrekten Schreibweise.

   ◯ a) Jeweils am Ersten des Monats findet die Veranstaltung statt.

   ◯ b) Jeweils am ersten des monats findet die Veranstaltung statt.

   ◯ c) Jeweils am ersten des Monats findet die veranstaltung statt.

   ◯ d) Jeweils am ersten des Monats findet die Veranstaltung statt.

5. Markiere den Satz mit der korrekten Schreibweise.

   ◯ a) Vom bayerischen Wald bis zu den ostfriesischen Inseln.

   ◯ b) Vom bayerischen wald bis zu den ostfriesischen inseln.

   ◯ c) Vom Bayerischen Wald bis zu den Ostfriesischen Inseln.

   ◯ d) Vom Bayerischen wald bis zu den Ostfriesischen inseln.

6. Markiere den Satz mit der korrekten Schreibweise.

   ◯ a) Von den unzähligen, die vor der Mauer standen, brach jeder zweite in Tränen aus.

   ◯ b) Von den unzähligen, die vor der Mauer standen, brach jeder Zweite in Tränen aus.

   ◯ c) Von den unzähligen, die vor der Mauer standen, brach Jeder zweite in Tränen aus.

   ◯ d) Von den Unzähligen, die vor der Mauer standen, brach jeder Zweite in Tränen aus.

7. Markiere den Satz mit der korrekten Schreibweise.

   ◯ a) Sie trug am liebsten Kleider in Weiß.

   ◯ b) Sie Trug am liebsten Kleider in weiß.

   ◯ c) Sie trug am Liebsten Kleider in Weiß.

   ◯ d) Sie trug am Liebsten Kleider in weiß.

8. Markiere den Satz mit der korrekten Schreibweise.

   - ◯ a) Die Ermittler Tappen bei der Suche im dunkeln.
   - ◯ b) Die Ermittler tappen bei der Suche im Dunkeln.
   - ◯ c) Die Ermittler tappen bei der suche im Dunkeln.
   - ◯ d) Die Ermittler tappen bei der Suche im dunkeln.

9. Markiere den Satz mit der korrekten Schreibweise.

   - ◯ a) Ihr wurde angst und bange bei dem Gedanken an den Keller.
   - ◯ b) Ihr wurde Angst und Bange bei dem Gedanken an den Keller.
   - ◯ c) Ihr wurde Angst und Bange bei dem gedanken an den Keller.
   - ◯ d) Ihr wurde Angst und bange bei dem Gedanken an den Keller.

10. Markiere den Satz mit der korrekten Schreibweise.

   - ◯ a) Sie haben dem Unternehmen großes Leid zugefügt.
   - ◯ b) Sie haben dem Unternehmen Großes Leid zugefügt.
   - ◯ c) Sie haben dem Unternehmen großes leid zugefügt.
   - ◯ d) Sie haben den unternehmen großes Leid zugefügt.

11. Markiere den Satz mit der korrekten Schreibweise.

   - ◯ a) Ist es dir recht, wenn wir morgen gemeinsam Essen?
   - ◯ b) Ist es Dir recht, wenn wir Morgen gemeinsam essen?
   - ◯ c) Ist es dir Recht, wenn wir Morgen gemeinsam Essen?
   - ◯ d) Ist es dir recht, wenn wir morgen gemeinsam essen?

12. Markiere den Satz mit der korrekten Schreibweise.

- ◯ a) Es ist ein schöner Tag, die Sonne scheint und die vögel zwitschern.
- ◯ b) Es ist ein schöner tag, die Sonne scheint und die Vögel zwitschern.
- ◯ c) Es ist ein schöner Tag, die Sonne scheint und die Vögel zwitschern.
- ◯ d) Es ist ein schöner Tag, die Sonne scheint und die Vögel Zwitschern.

13. Markiere den Satz mit der korrekten Schreibweise.

- ◯ a) Er Reiste nicht zum ersten Mal nach China, aber viel Erfahrung hatte er nicht.
- ◯ b) Er reiste nicht zum Ersten mal nach China, aber viel erfahrung hatte er nicht.
- ◯ c) Er reiste nicht zum Ersten Mal nach China, aber viel erfahrung hatte er nicht.
- ◯ d) Er reiste nicht zum ersten Mal nach China, aber viel Erfahrung hatte er nicht.

14. Markiere den Satz mit der korrekten Schreibweise.

- ◯ a) Meiner Meinung nach ist es nicht Gut, wenn ein Buch viele Rechtschreibfehler hat.
- ◯ b) Meiner Meinung nach ist es nicht gut, wenn ein Buch viele Rechtschreibfehler hat.
- ◯ c) Meiner meinung nach ist es nicht gut, wenn ein Buch viele Rechtschreibfehler hat.
- ◯ d) Meiner Meinung nach ist es nicht gut, wenn ein Buch viele rechtschreibfehler hat.

15. Markiere den Satz mit der korrekten Schreibweise.

- ◯ a) Alles Weitere kann mit mir besprochen werden.
- ◯ b) Alles Weitere kann mit Mir besprochen werden.
- ◯ c) Alles weitere kann mit mir besprochen werden.
- ◯ d) Alles weitere kann mit mir Besprochen werden.

16. Markiere den Satz mit der korrekten Schreibweise.

   - ◯ a) Der eine oder andere wird noch kommen.
   - ◯ b) Der Eine oder Andere wird noch kommen.
   - ◯ c) Der Eine oder andere wird noch kommen.
   - ◯ d) Der eine oder Andere wird noch kommen.

17. Markiere den Satz mit der korrekten Schreibweise.

   - ◯ a) Meiner Meinung nach ist das Fach Mathe am schwersten.
   - ◯ b) Meiner Meinung nach ist das Fach Mathe am Schwersten.
   - ◯ c) Meiner Meinung nach ist das Fach mathe am schwersten.
   - ◯ d) Meiner meinung nach ist das Fach Mathe am Schwersten.

18. Markiere den Satz mit der korrekten Schreibweise.

   - ◯ a) Also daran war nun wirklich nicht viel Schönes.
   - ◯ b) Also daran war nun wirklich nicht viel schönes.
   - ◯ c) Also daran war nun wirklich nicht Viel Schönes.
   - ◯ d) Also Daran war nun wirklich nicht viel schönes.

19. Markiere den Satz mit der korrekten Schreibweise.

   - ◯ a) Den beiden Abenteurern drohte etwas Gefährliches.
   - ◯ b) Den beiden Abenteurern drohte etwas gefährliches.
   - ◯ c) Den beiden Abenteurern drohte Etwas gefährliches.
   - ◯ d) Den Beiden abenteurern drohte etwas Gefährliches.

20. Markiere den Satz mit der korrekten Schreibweise.

- ◯ a) Unser Rufen hatte Erfolg, denn sie blieb stehen.
- ◯ b) Unser rufen hatte Erfolg, denn sie blieb stehen.
- ◯ c) Unser Rufen hatte Erfolg, denn Sie blieb stehen.
- ◯ d) Unser rufen hatte erfolg, denn sie blieb stehen.

8.3.10 Lösungen: Groß- und Kleinschreibung 3

Aufgabe	Lösung	Aufgabe	Lösung	Aufgabe	Lösung
1.	a)	2.	c)	3.	b)
4.	a)	5.	c)	6.	d)
7.	a)	8.	b)	9.	a)
10.	a)	11.	d)	12.	c)
13.	d)	14.	b)	15.	a)
16.	a)	17.	a)	18.	a)
19.	a)	20.	a)		

Lösungen der Auswahl-Fragen.

8.3.11 Test: Mehrzahl

Wenn es um den Plural von so manchen Wörtern geht, stellen uns besonders Fremdwörter häufig vor eine große Herausforderung. Teste, wie gut du dich mit dem Plural auskennst. Alle Antworten orientieren sich an den aktuellen Rechtschreibregeln.

Vorsicht: Manchmal sind auch mehrere Lösungen richtig!

Beispiel: Was ist der Plural von "Bewerber".?

1. die Bewerber
2. die Berwerbern
3. die Bewerberer
4. die Bewerbungen

Lösung: In diesem Fall ist Antwort 1 richtig. Der Plural lautet: die Bewerber.

1. Was ist der Plural von "das Visum"?

   ☐ a) die Visa

   ☐ b) die Visas

   ☐ c) die Visen

   ☐ d) die Visums

2. Was ist der Plural von "die Agenda"?

   ☐ a) die Agendas

   ☐ b) die Agenden

   ☐ c) die Agenda

   ☐ d) die Agendens

3. Was ist der Plural von "der Modus"?

   ☐ a) die Modi

   ☐ b) die Moduse

   ☐ c) die Modusse

   ☐ d) die Moden

4. Was ist der Plural von "das Universum"?

☐ a) die Universums

☐ b) die Universen

☐ c) die Universa

☐ d) die Universum

5. Was ist der Plural von "der Status"?

☐ a) die Stati

☐ b) die Statusse

☐ c) die Staten

☐ d) die Status

6. Was ist der Plural von "das Antibiotikum"?

☐ a) die Antibiotikums

☐ b) die Antibiotikas

☐ c) die Antibiotika

☐ d) die Antibiotiken

7. Was ist der Plural von "der Euro"?

☐ a) die Euro

☐ b) die Euros

☐ c) die Euronen

☐ d) die Eurons

8. Was ist der Plural von “die Pizza”?

☐ a) die Pizza

☐ b) die Pizzas

☐ c) die Pizzen

☐ d) die Pizzum

9. Was ist der Plural von “das Album”?

☐ a) die Alben

☐ b) die Album

☐ c) die Albums

☐ d) die Albumen

10. Was ist der Plural von “das Datum”?

☐ a) das Datum

☐ b) die Datums

☐ c) die Datens

☐ d) die Daten

11. Was ist der Plural von “der Kaktus”?

☐ a) die Kakteen

☐ b) die Kaktusse

☐ c) die Kaktuse

☐ d) die Kakteens

12. Was ist der Plural von "das Lexikon"?

☐ a) die Lexika

☐ b) die Lexikas

☐ c) die Lexikon

☐ d) die Lexiken

13. Was ist der Plural von "das Praktikum"?

☐ a) die Praktikums

☐ b) die Praktikas

☐ c) die Praktika

☐ d) das Praktikum

14. Was ist der Plural von "das Thema"?

☐ a) das Thema

☐ b) die Themas

☐ c) die Themata

☐ d) die Themen

15. Was ist der Plural von "der Bus"?

☐ a) der Bus

☐ b) die Buse

☐ c) die Bussen

☐ d) die Busse

16. Was ist der Plural von “das Theater”?

☐ a) die Theater

☐ b) die Theaters

☐ c) die Theatren

☐ d) die Theaten

17. Was ist der Plural von “die Koalition”?

☐ a) die Koalition

☐ b) die Koalitions

☐ c) die Koalitionen

☐ d) die Koalitiona

18. Was ist der Plural von “das Publikum”?

☐ a) die Publikums

☐ b) die Publiken

☐ c) die Publikens

☐ d) die Publika

19. Was ist der Plural von “das Gebirge”?

☐ a) die Gebirge

☐ b) die Gebirgen

☐ c) die Gebirgens

☐ d) die Gebirges

20. Was ist der Plural von “der Leiter”?

☐ a) die Leitern

☐ b) die Leiters

☐ c) die Leiter

☐ d) die Leiteren

8.3.12 Lösungen: Mehrzahl

Aufgabe	Lösung	Aufgabe	Lösung	Aufgabe	Lösung
1.	a), c)	2.	b)	3.	a)
4.	b)	5.	d)	6.	c)
7.	a), b)	8.	c)	9.	a)
10.	d)	11.	a)	12.	a), d)
13.	c)	14.	c), d)	15.	d)
16.	a)	17.	c)	18.	d)
19.	a)	20.	c)		

Lösungen der Auswahl-Fragen.

8.3.13 Test: Buchstaben ergänzen

Bei dieser Aufgabe musst du Wörter ergänzen, bei welchen immer ein Buchstabe fehlt. Trage die fehlenden Buchstaben in die freien Felder ein.

Beispiel:

Plakos Aka_emie

Lösung: d → Plakos Akademie

1. Ergänze die fehlenden Buchstaben und trage diese ein.

   Ei __er

2. Ergänze die fehlenden Buchstaben und trage diese ein.

   Com __uter

3. Ergänze die fehlenden Buchstaben und trage diese ein.

   Da __h

4. Ergänze die fehlenden Buchstaben und trage diese ein.

   __nsel

5. Ergänze die fehlenden Buchstaben und trage diese ein.

   Ge __irn

6. Ergänze die fehlenden Buchstaben und trage diese ein.

   Musk __l

7. Ergänze die fehlenden Buchstaben und trage diese ein.

   Na __hbar

8. Ergänze die fehlenden Buchstaben und trage diese ein.

   __atur

9. Ergänze die fehlenden Buchstaben und trage diese ein.

   Amule __t

10. Ergänze die fehlenden Buchstaben und trage diese ein.

   Um __elt

11. Ergänze die fehlenden Buchstaben und trage diese ein.

   Ze __chen

12. Ergänze die fehlenden Buchstaben und trage diese ein.

   Ti __er

13. Ergänze die fehlenden Buchstaben und trage diese ein.

   Sa __d

14. Ergänze die fehlenden Buchstaben und trage diese ein.

   Rettung __wagen

15. Ergänze die fehlenden Buchstaben und trage diese ein.

   Sc __nner

16. Ergänze die fehlenden Buchstaben und trage diese ein.

   __eller

17. Ergänze die fehlenden Buchstaben und trage diese ein.

   Mo __itor

18. Ergänze die fehlenden Buchstaben und trage diese ein.

   Unterku __ft

19. Ergänze die fehlenden Buchstaben und trage diese ein.

   Ha __en

20. Ergänze die fehlenden Buchstaben und trage diese ein.

    Ge __weg

21. Ergänze die fehlenden Buchstaben und trage diese ein.

    __ahrrad

22. Ergänze die fehlenden Buchstaben und trage diese ein.

    Erd ____l

23. Ergänze die fehlenden Buchstaben und trage diese ein.

    B __d

24. Ergänze die fehlenden Buchstaben und trage diese ein.

    Za __n

25. Ergänze die fehlenden Buchstaben und trage diese ein.

    Versic __erung

26. Ergänze die fehlenden Buchstaben und trage diese ein.

    Tas __he

27. Ergänze die fehlenden Buchstaben und trage diese ein.

    __tein

28. Ergänze die fehlenden Buchstaben und trage diese ein.

    __uelle

29. Ergänze die fehlenden Buchstaben und trage diese ein.

    Im __fstoff

30. Ergänze die fehlenden Buchstaben und trage diese ein.

    Jac __e

8.3.14 Lösungen: Buchstaben ergänzen

Aufgabe	Lösung
1.	Ei [m / t / f / n] er
2.	Com [p] uter
3.	Da [c] h
4.	[I] nsel
5.	Ge [h] irn
6.	Musk [e] l
7.	Na [c] hbar
8.	[N] atur
9.	Amule [t] t
10.	Um [w] elt
11.	Ze [i] chen
12.	Ti [g] er
13.	Sa [n] d
14.	Rettung [s] wagen
15.	Sc [a] nner
16.	[K / T] eller

Lösungen der Text-Aufgaben.

Aufgabe	Lösung
17.	Mo [n] itor
18.	Unterku [n] ft
19.	Ha [f / k / s] en
20.	Ge [h] weg
21.	[F] ahrrad
22.	Erd [ö] l
23.	B [a] d
24.	Za [h / u] n
25.	Versic [h] erung
26.	Tas [c] he
27.	[S] tein
28.	[Q] uelle
29.	Im [p] fstoff
30.	Jac [k] e

Lösungen der Text-Aufgaben.

8.3.15 Test: Zeitungsbericht verstehen

Im Folgenden wird dir ein frei erfundener Zeitungsbericht vorgestellt. Bitte lies dir diesen Text genau durch. Anschließend werden Fragen zu dem Text gestellt, die du beantworten musst.

1. Lies dir den Zeitungsbericht aufmerksam durch.

   Tödlicher Unfall nach illegalem Autorennen

   Die Traditionsbäckerei "Friedrich" in der Friedberger Landstraße in Frankfurt am Main gleicht einem Trümmerfeld. Der Fahrer eines Porsche 911 hat in der Nacht von Freitag auf Samstag bei einem illegalen Autorennen die Kontrolle über sein Auto verloren. Der Gummiabrieb der Reifen zieht sich von der Kreuzung der Rohrbachstraße bis zur Bäckerei. Mit großer Geschwindigkeit ist der Porsche frontal durch die Schaufensterscheiben der Bäckerei geflogen und hat eine Spur der Verwüstung hinterlassen. Von außen betrachtet sieht es vor der Bäckerei aus, als hätte es einen Bombenanschlag gegeben. Autoteile, Glasscherben und Kleidungsstücke liegen herum. Die Polizei wird von den Anwohnern informiert und trifft bereits sieben Minuten nach dem tragischen Unfall in der Friedberger Landstraße ein. Der Porsche ist völlig demoliert und der Fahrer lebt zu diesem Zeitpunkt bereits nicht mehr. Er wurde aus dem Wagen durch die Frontscheibe geschleudert. Die Polizisten vermuten, dass der Fahrer nicht angeschnallt war. Der Beifahrer konnte einige Minuten später von der Feuerwehr mit schwerem Gerät geborgen werden. Mit schweren Verletzungen wurde er in ein naheliegendes Krankenhaus transportiert. Anwohner sind fassungslos. Es ist bereits das dritte Straßenrennen im letzten halben Jahr. "Wie kann man auf die Idee kommen, mitten in einer Großstadt ein Autorennen zu veranstalten?", fragt sich eine ältere Dame, die durch den Unfall aus dem Schlaf gerissen wurde. Weitere Fahrer, die an dem Straßenrennen beteiligt waren, konnten bis jetzt nicht ausfindig gemacht werden.

2. Wie heißt die Traditionsbäckerei in der Friedberger Landstraße?

   ◯ a) Friesch

   ◯ b) Fliegrich

   ◯ c) Friedrich

   ◯ d) Niedlich

   ◯ e) Friedberg

3. Von wo bis wo zieht sich der Gummiabrieb des Autos?

 - ◯ a) Von der Friedberger Landstraße bis zur Bäckerei
 - ◯ b) Von der Haltestelle Rohrbachstraße bis zur Bäckerei
 - ◯ c) Von der Kreuzung der Rohrbachstraße bis zur Bäckerei
 - ◯ d) Von der Kreuzung der Rohrbachstraße bis zur Friedberger Landstraße
 - ◯ e) Von der Bäckerei bis zur Friedberger Landstraße

4. Laut einer Anwohnerin war es das dritte Straßenrennen...

 - ◯ a) ...im letzten Jahr.
 - ◯ b) ...im letzten halben Jahr.
 - ◯ c) ...im letzten Quartal.
 - ◯ d) ...im letzten Monat.
 - ◯ e) ...in der letzten Woche.

5. Wie war der genaue Wortlaut im Text?

 - ◯ a) Das Auto ist völlig demoliert und der Fahrer lebt zu diesem Zeitpunkt bereits nicht mehr. Er wurde aus dem Wagen durch die Frontscheibe geschleudert.
 - ◯ b) Der Porsche ist völlig demoliert und der Fahrer lebt zu diesem Zeitpunkt bereits nicht mehr. Er wurde aus dem Wagen durch die Frontscheibe geschleudert.
 - ◯ c) Der Porsche ist völlig demoliert und der Beifahrer lebt zu diesem Zeitpunkt bereits nicht mehr. Er wurde aus dem Wagen durch die Frontscheibe geschleudert.
 - ◯ d) Der Porsche ist völlig demoliert und der Fahrer lebt zu diesem Zeitpunkt bereits nicht mehr. Er wurde aus dem Wagen durch die Rückfenster geschleudert.
 - ◯ e) Der Porsche ist völlig demoliert und der Fahrer lebt zu diesem Zeitpunkt allerdings noch. Er wurde aus dem Wagen durch die Frontscheibe geschleudert.

6. Was liegt alles an der Unfallstelle herum?

- ◯ a) Autoteile, Glasscherben, Kleidungsstücke und Metallteile
- ◯ b) Plastikteile, Glasscherben und Kleidungsstücke
- ◯ c) Autoteile, Glasscherben und Plastikteile
- ◯ d) Autoteile, Plastikteile und Kleidungsstücke
- ◯ e) Autoteile, Glasscherben und Kleidungsstücke

7. Wann trifft die Polizei am Unfallort ein?

- ◯ a) nach 4 Minuten
- ◯ b) Nach 5 Minuten
- ◯ c) Nach 6 Minuten
- ◯ d) Nach 7 Minuten
- ◯ e) Nach 17 Minuten

8. Wann geschah der Unfall?

- ◯ a) In der Nacht von Freitag auf Samstag
- ◯ b) In der Nacht von Samstag auf Sonntag
- ◯ c) In der Nacht von Sonntag auf Montag
- ◯ d) In der Nacht von Donnerstag auf Freitag
- ◯ e) In der Nacht von Mittwoch auf Donnerstag

9. In welcher Stadt befindet sich der Unfallort?

- ◯ a) München
- ◯ b) Hamburg
- ◯ c) Frankfurt
- ◯ d) Berlin
- ◯ e) Dresden

10. Inwiefern hat der Porsche die Bäckerei beschädigt?

- ◯ a) Der Porsche flog frontal durch die Schaufensterscheibe der Bäckerei.
- ◯ b) Der Porsche streifte an der Wand bis zum Eingang der Bäckerei.
- ◯ c) der Bäckerei. Der Porsche geriet ins schleudern und zerstörte dabei die Eingangstür der Bäckerei.
- ◯ d) Der Porsche hinterließ keine Spur der Verwüstung.
- ◯ e) Der Porsche explodierte.

11. Als die Polizei am Unfallort eintrifft...

- ◯ a) ...lebt der Fahrer noch, und wird mit schweren Verletzungen ins Krankenhaus transportiert.
- ◯ b) ...ist der Fahrer bereits tot.
- ◯ c) ...ist der Fahrer glücklicherweise unverletzt.
- ◯ d) ...ist der Fahrer geflüchtet.

12. Um was für ein Fahrzeug handelt es sich bei dem Unfall?

- ◯ a) Porsche 991
- ◯ b) Porsche 911
- ◯ c) 1er BMW
- ◯ d) Mercedes Benz A-Klasse
- ◯ e) VW Arteon

13. Was sind Vermutungen der Polizei zum Tod des Opfers?

- ◯ a) Der Fahrer war betrunken.
- ◯ b) Der Fahrer war nicht angeschnallt.
- ◯ c) Der Fahrer hat während des Fahrens telefoniert.
- ◯ d) Der Fahrer hat Drogen konsumiert.
- ◯ e) Der Fahrer ist eingeschlafen.

14. Was ist der Name des Fahrers?

- ◯ a) Friedrich
- ◯ b) Friedberger
- ◯ c) keine Angabe
- ◯ d) Friedhelm
- ◯ e) Frederik

15. Von wem stammt diese Aussage: "Wie kann man auf die Idee kommen, mitten in einer Großstadt ein Autorennen zu veranstalten?"

- ◯ a) Von einer Studentin
- ◯ b) Von einer älteren Dame
- ◯ c) Von einem älteren Herren
- ◯ d) Von einem jungen Mann
- ◯ e) Von einem Sanitäter

16. Wie war der genaue Wortlaut im Text?

- ◯ a) Anwohner sind aufgebracht.
- ◯ b) Anwohner sind wütend.
- ◯ c) Anwohner sind traurig.
- ◯ d) Anwohner sind schockiert.
- ◯ e) Anwohner sind fassungslos.

8.3.16 Lösungen: Zeitungsbericht verstehen

Aufgabe	Lösung	Aufgabe	Lösung	Aufgabe	Lösung
1.		2.	c)	3.	c)
4.	b)	5.	b)	6.	e)
7.	d)	8.	a)	9.	c)
10.	a)	11.	b)	12.	b)
13.	b)	14.	c)	15.	b)
16.	e)				

Lösungen der Auswahl-Fragen.